また　身の下相談にお答えします

上野千鶴子

朝日文庫

本書は、二〇一三年六月～二〇一七年七月、朝日新聞土曜別刷「be」に掲載された「悩みのるつぼ」（五十回分）を再構成したものです。

また 身の下相談にお答えします●目次

第1章　青春はお悩みだらけ

第3章　夫がイヤです！

第4章 夫婦は永遠の謎

第5章　人づきあいって、むずかしい

また 身の下相談にお答えします

第1章　青春はお悩みだらけ

1　女子校育ちに「男女で青春」は？

相談者　女子大生　十代

現在一人暮らしの女子大一年です。中学も高校も女子校で、ずっと女子ばかり。楽で毎日が楽しいのですが、小説やドラマのような「男女で青春」というのがありません。

私はそんな青春物語を、大学生のうちに経験したいのです。例えば男女六人くらいで海へドライブしたり、誰かの家で鍋パーティーをしたり。またけんかやドロドロなんかもあって、悩んだりして……。

女子大で出会いがないわけではありません。他大学のサークル、バイト、SNS。しかし私は自分の大学の部活に入ってしまい、また、親がバイトするくらいなら勉強を頑張ってほしいという教育方針であるため、バイトはしていません。

共学に通っている友達みたいに授業やゼミ、サークルで会う、何かわからないけど一緒にいるよね、というような男友達ができず、出会った男性もそれから何でも話せる友達として発展することがありません。発展したとしても恋愛関係になってしまいます。私が求めている青春構成メンバーとは即席で出会った男女ではなく何げなく気が合って集まってしまうというようなものなのです。

女友達で過ごす青春も楽しいですが、満足していない自分がいます。男女で冬にスキーやスノボをしに行くような青春を、私のような人は諦めたほうがいいのでしょうか。

回答 「青春」は友情を育んだあとに

ふーむ、このご時世に中学からずうーっと女子校ですか。死ぬまで女子文化のなかで生きていられたらそれはそれで幸せでしょうが、そういうわけにもいきません。いつかは男性という異文化（それも魅力的なだけでなく、しばしば不愉快な）に遭遇しなければなりません。そのための異文化接触の学習と訓練ができていないのは、「男女共学の青春を楽しみたいっ！」という相談より、もっと深刻です。

「男女共同参画」の今時、子どもから大人になる時期の大半を男女別学で過ごすというのは不自然以外のなにものでもありません。お互いに異性に対する「妄想」がふくらむばかりか、生涯それから解放されないこともあります。その「妄想」のひとつが、異性と言えば恋愛やセックスの対象、というもの。♪ただ〜の友だちがその時かわるぅ……という歌詞がありますが、異性の友人は恋人予備軍のプール。異性の友人のいない人に突然恋人ができるなんてことはありません。そういうことがあるとすれば、片思いという名の、これもたんなる妄想。最近ではストーカーとも呼びます。

異性の友人をつくるには、異性と日常生活を共にするに限ります。学校はその場のひとつなのに、それが欠けているのですね。でも学校だけに閉じこもっていないで、インカレのサークルやボランティア、NPO活動などに参加してはいかが? 周囲とどんな関係をつくるか、問題をどう解決していくか、リーダーシップをどう発揮するか……経験を共にすれば、どんな人柄かがよくわかりますし、同志愛が育ちます。まず異性と友情を育むこと。ばかさわぎはその後です。

女子校生はその点ハンディがありますが、遅かれ早かれ異性文化との出会いはやってきます。職場やしごとを共にするなかで、異性との友情を育むこともできます。「青春」はそれから味わっても遅くありません。「青春」に遅いも早いもありませんから。

ただし男性という異文化は、あなたを友情の対象としてよりは性愛の対象として見るように習慣づけられていますから、それに早めに接触した共学女子の方が、「女らしさ」をうまく身につける傾向があります。反対にそれを学習する機会のなかった女子校育ちのあなたの方が、同じ目標に向かう同志として異性を扱うことに長《た》けているかもしれません。何事も一長一短。女子文化と共学文化、両方を越境して楽しんでください。

2　マッチョな部活の体質変えたい

相談者　大学生　二十歳

二十歳の大学生です。

所属する国立大学の部活（体育会系）のことで上野千鶴子先生に相談です。

部活の雰囲気はよく言えばバンカラですが、悪く言えば旧態依然とした体質で、新聞などマスコミであれほど報道されているにもかかわらず、後輩への飲酒や一気飲みの強要などが横行しています。

私たち女子に対しては、男子に対するほどの強要はないので助かっていますが、許せないのは、女子の役割を強く求めてくることです。

合宿へ行く日に、男子の分までお弁当を作っていく、OBも参加する夏の飲み会で女子は全員浴衣で給仕、などです。

「カノジョじゃねえんだよ」「コンパニオンじゃねえんだよ」と、心の中では悪態ついていますが、上野先生のような武闘派フェミニストではなく穏健派の私としては表だって異を唱えることもできず、黙って従っています。

ほかにも色々おかしいことはあります。三年生で幹部になればこうしたことを変えていけそうな気もしますが、四年生がまだいるし、ＯＢも折に触れ参加してくるので、伝統を変えていくのは難しいです。

この部活の慣習を、波風立てることなく、少しずつでも変化させていくことは可能なのでしょうか。

回答　武闘派もムダな闘いは避けます

クラブ活動に参加する動機にはふたつあります。第一はその活動そのものの魅力、第二は仲間の魅力。あなたはどちらでしょう？　同じ部活の男子のそばにいたい、というのが動機なら、家政婦扱いされようが、コンパニオン扱いされようが、女子マネジャーのようにひたすら男子にお仕えする手もありますが、どうやらあなたはそうではなさそうですね。部活はしたいがカンちがいの男子はノイズにしかならない、というなら、いちばんかんたんなのは分離独立すること。合宿も別々に実施したらよいでしょう。

こういうバンカラノリのホモソーシャルな体育会は通常部員が抜けていったり、新人が集まらなくなって市場淘汰《とうた》されるのが歴史の法則です。硬派のテニス部と軟派テニスサークルの栄枯盛衰を見ればわかるでしょう。

ですが、伝統に自己陶酔して時代にとりのこされた集団は、よほどの危機が来ない限り、自己変革する動機付けを持ちません。「よほどの危機」とは部が分裂したり、部員が大量脱退したり、新入部員がゼロになったりする状況を言いますが、たぶんそうはならないでしょう。こういう時代錯誤の伝統の好きな人はいるものですから。そういうところで内部変革を試みるのはエネルギーのムダ。武闘派だってムダな闘いはしません。壁にぶつかって自爆するより、省エネでいきましょう。人生のエネルギーは有限、「波風立て」るうちにすりへってしたいことをする余力も残らないくらいなら、壁は迂回《うかい》してやりたいことに優先して使いましょう。耳に入らないノイズはノイズではありません。ノイズなしに活動にうちこめたら、あなたの望みは叶《かな》うのでしょう?

変革は内からではなく外からやってきます。大企業を内部変革するより、ベンチャー企業のように、外に独立して女子○○会を旗揚げしては？　外で生まれた集団が無視できないほど育ってやがて既存の組織にとってかわる……イノベーションってそんなものですよ。とりのこされた組織はやがてじり貧になって、巨艦沈没あるのみ。あとは自ら手をくださなくても自壊を待てばよいのです。まるでどこかの国みたいですね。

問題は女子のなかに、弁当のできばえを競ったり、浴衣姿で女子力をアピールしたりする「抜け駆け」組がいること。ま、それはそれ、その程度のわかりやすい男に選ばれたい女たち、ってことで、あわれんであげましょう。

3　取りえのない私の就活は？

相談者　大学生　二十一歳

私は就職活動真っただ中の二十一歳の文系女子です。

就活をする中で疑問に思ったことがあり、ご相談させていただきます。

学生時代はサークル活動やアルバイトにいそしみ、一般的な学生と変わらない生活を送ってきました。特に資格があるわけでもなく、けっして容姿端麗とは言えない私です。

就活が解禁されてからしばらくして、いろいろな企業説明会に参加してみると、どの人事部の方も「リーダーシップを発揮できる人材」「グローバルな視点を持つ人材」を求めていると口をそろえておっしゃいます。

では、突出したような才能を持ち合わさず、前に挙げたような「人材」に当てはまらない私は、社会に必要とされていないのでしょうか？

　また、無理をしてでも、あたかもそのような人材であると、面接担当者の前で演技をしないといけないのでしょうか？

　どの採用試験でも人物重視とうたわれていますが、その人の性格なり人柄なりは、生まれてからずっと形成されてきたもので、就活の一年という短い期間で変えられるようには思えません。いわば「人格」という、どうあがいても対処できない壁がそこに存在するように感じてしまうのです。これからの就活に対する意識を変え、前向きに取り組めるよう、甘い考えを持つ私に活を入れてください。

回答　「求められる人材」よりあなたの気持ち

こんな実験があります。アリの集団で働きアリと、のらくらアリとの中から、働きアリだけをとりだして一緒にしたら、その集団の中でまた働きアリと、のらくらアリとが一定の割合で発生したとか。

どんなに企業が「リーダーシップを発揮できる人材」を求めていたとしても、リーダーは少数で十分。みんながリーダーになったら集団は回りません。「グローバルな人材」なら、ハンパな企業にただちに見切りをつけて出て行くでしょうし。

ある企業マンがしてくれた話が印象に残っています。

「わが社にはアタマの強い人と胃袋の強い人がいます。ボクはもちろん後者のほう。アタマの強い人ばかりを採用すると、お互いにつぶし合うから、そういう人はちょっとしか要らないんですよ」

集団にはリーダーもフォロワーもいろいろな人が必要です。サークル活動やアルバイトにいそしみ、「一般的な学生」として過ごしてきたあなたは、すでにじゅうぶんに水準をクリアしています。リーダーシップがなくても、グローバルな視点がなくても、あなたにはあなたのよさがあるはずです。付け焼き刃で演技しても、面接担当者はそんなもの、すぐに見抜くでしょう。それが見抜けない担当者なら、その企業の先行きが思いやられます。つまるところ、あなたは「アナ雪」のように「♪ありのままで〜」就活に臨めばいいのです。

ですが、問題の根は、あなたが「ありのままの自分」に自信が持てないことにあるようですね。面接担当者はあなたがこれまで達成してきたことよりも、これからののびしろを見ます。その際必要なのはあなたの能力よりは態度。自分に自信があるかそれともおどおどしているかは、すぐに見抜かれます。過剰な自信は逆効果ですが、自分がこれまで生きてきたことに信頼を持っており、未知の事態に対して前向きに取り組む姿勢があれば、それが評価されるでしょう。面接担当者は人柄や性格を判定しているわけではありません。これからの就活戦線、何戦何敗になるかわかりませんが、失敗しても「人格を否定」されたわけではありませんから、落ち込む必要はありません。あなたの求めるものと相手が求めるものとがジグソーパズルのピースのようには合わなかった、だけのことですから。「求められる人材」をあれこれ心配するよりも、あなたが仕事に何を求めるかを、まず点検してみる必要がありそうです。

4　昔の傷で「好き」と言えない

相談者　大学院生　二十三歳

二十三歳の大学院一年生です。

私は気になる女性に告白したり、デートに誘ったりすることができません。誘うために話しかける勇気がない、と言ってもいいかもしれません。

小学生のとき、女友達がいましたが、「あいつはあの女子が好きだ」と根も葉もないうわさが学校中に広まり、「あの子が好きなんやろ」とイジメられ、深く傷つきました。中学、高校時代にも同様なことがあり、以来、「好き」という本来プラスのイメージの言葉を言うのも言われるのも嫌いになりました。

イジメてきたやつらが誰ひとりいない遠くに行って彼女をつくりたいと思って進学した大学での学生生活は、中学時代から学びたいと考えていた学部の勉強や、サークル活動や旅行で人生で最も楽しかったですが、好きな人ができても、イジメられたことがトラウマとなり、アタックすることができず、結局、彼女は四年間いませんでした。

家や、いとこを含めた親族でも男子は私だけで、帰省やいとこの結婚式の際に「彼女ぐらいつくりなさいよ」と母親やおばから言われるのを迷惑に感じるようになり、また二十歳をこえてから彼女がいないことに焦りを感じ始めました。社会に出れば仕事で彼女をつくることはもっと難しくなります。トラウマを克服して、告白やデートに誘ったりする勇気を持つには、どうすればいいでしょうか？

回答　徐々にステップを進んでいくこと

単刀直入に言います。あなたが異性に「好き」と言えないことを、昔のイジメのせいにするのはやめましょう。

思春期のころ、あの子があの子を好きとはやしたてるのはよくあること。なぜそれがイジメになり、なぜトラウマになるのかを考えてみましょう。「女友達」だったのだから、キライではなかったのでしょう？「好きなんやろ」と言われてその通りなら「その通り」と言えばよいだけですよね。無責任なからかいなら「うーん、どっちか自分でもよくわからない」とか「ボクは好きなんだけど、向こうがどう思ってるかわかんない」とか言って受け流してみる。とはいえ、小学生にそんな知恵はないでしょうが。

たぶん、ほんとうは好きなのに「違う！」と言ってしまって、自分も傷つき、相手も傷つけ、関係を壊してしまったことがトラウマになっているんじゃありませんか？

好き、と相手に告げるのはギャンブルのようなもの。どんな目が出るかは相手次第。告白したほうは相手に弱みを握られて、弱者の立場に立ちます。それがイヤだったのかも。

ところで、好きってどんな感情？　映画に行きたい、一緒にお茶したい、ごはんを食べたい、セックスしたい？　恋愛は接近の技術。相手と自分の警戒心の掛け金をひとつひとつはずしてついには海抜ゼロメートル以下（笑）になるプロセスを言います。それならまず断られても傷つかない程度のハードルの低いお誘いから始めて、徐々に次のステップに進みましょう。

好きかどうかは、考えてみてもよくわからないもの。でも一緒に散歩をしたいか、その人の喜ぶ顔を見たいか、そのためにテマをかけるつもりがあるか、さわりたいか、手を握りたいか、ずっと一緒にいたいかどうか……はわかります。いちいち好きと言わなくても、自分が相手に求めるものを少しずつ小出しにしていけばいいんです。相手は応じるつもりがあれば応じてくれるでしょうし、イヤなら断るでしょう。断られたら「あ、そう。ごめん」と引き下がればよいだけ。この時、相手のノーのサインに鈍感にならないよう気をつけましょう。セクハラ男やストーカー男になりますから。

たぶん「好き」というコトバは、いまあげたもろもろの感情の総称。あなたは「好き」というコトバが使えなくても好きという感情を忘れたわけではなさそうですから、あとは実践あるのみです。

5　女装が好きな大学生の息子

相談者　主婦　五十代

私は五十代の主婦です。

三人の子どもがいて、上の二人はすでに家を出て勤めており、いまは大学生の息子と夫の三人暮らしです。

この息子のことで、悩んでいます。息子は今で言うところの「女装男子」のようで、部屋のクローゼットには女性用の服があります。それを私が知っていることを息子は知りません。

彼女もいるし、今どきはそういうこともありかな、とは思うのですが、女性物の下着もあってどうやら毎日それをつけているようなのです。

洗濯かごには、はいてもいないトランクスを毎日出して、お風呂のときに、はいている下着を洗って部屋に干しているようです。私はそれを見たときは、死んでしまいたいと思うほど悩みました。

でももしそれを問い詰めたら、家族崩壊になってしまいそうだし、他人なら「いろいろな人がいるね」ですむのですが、わが子となると育て方を間違ったのではないかとか、犯罪者になるんじゃないか、などと考えてしまいます。

そしてどうやら、そういうものをネット通販で買っているらしくて、軽い箱が届く度に思い悩んでしまいます。息子のことを気持ち悪いとさえ思ってしまいます。毎日が不安で仕方ありません。息子のことをどういうふうに考えたらいいか、教えてください。

回答　見て見ぬフリ続けるのが大人の知恵

息子さんが女装趣味だからって、何もお母さんが死ぬ理由はありません。息子さんも自分の趣味が家族にも世間にも受け入れられにくい変わった趣味であることを自覚して、はいてもいないトランクスを毎日洗濯に出すとか、下着をお風呂で洗って部屋で干すとか、涙ぐましい努力をしておられるのですねえ。いじらしいです。それがバレたのは、あなたが息子の部屋に無断で入ってクローゼットを開けたせい？　そちらの方が問題ですよっ！　クローゼットとは日本語では押し入れのこと。隠したいものを隠しておく場所。親子の間にだって、夫婦の間にだって、隠したいものやことはあるでしょうに。

もし息子の部屋の押し入れから出てきたのが、ＡＶやポルノ雑誌だったらどうですか？　恋人のハダカの写真だったら？　それも同性の恋人だったら？　ロリコンの幼女のヌードだったら？　ここまで来ると犯罪です。チャイルドポルノは制作も売買も、持っているだけでも違法ですから。

ひとまず息子さんの奇妙な趣味が、犯罪でも不法行為でもないことにほっとしてください。息子さんの趣味は誰も傷つけませんし、誰にも迷惑をかけません。幼女を誘拐するわけでもなく、ストーカー行為をするわけでもなく、相手のいない脳内妄想は平和なものです。女性下着はその小道具ってだけで。しかも通販で手に入れるなんて、どこかの国会議員みたいに下着泥棒の疑惑もないですし。セクシー下着の通販マーケットが成り立っているのは、それだけの需要があるからです。その需要のなかには男性の女性下着愛好家もいます。通販会社はそれに配慮して、お届けボックスに商品名や会社名を書いていないはず。息子さんの趣味は少数ではありますが、決して特殊ではありません。

息子に「見たわよ」と詰め寄る前に、一呼吸置いてこの欄へ投稿した賢明なあなたのやるべきことは、見なかったふりをすること。女装趣味の男性の多くは異性愛者であることがわかっています。いずれ息子さんは、変わった趣味を受け入れてくれる女性を伴侶に選ぶか、さもなくば家庭内でも死ぬまで隠し通すことでしょう。息子さんのけなげな努力を評価してあげて、知らぬフリを続けるのがオトナの知恵というものです。「家族崩壊」が起きるとしたら、息子さんがそんな趣味を持っているから、ではなく、母親が大学生の息子のプライバシーにずけずけ立ち入る配慮のなさによって、でしょう。

6　留学するのにやる気出ません

相談者　高校生　女性

高校生の女性です。この夏から、一年間留学する予定です。それで学校の勉強、部活、語学の準備をしていますが、三つはやはり難しいです。

去年は、全部頑張ろうと、一生懸命自分なりにうまくやったつもりです。毎日が達成感であふれ、目標に向かって突き進んでいる、キラキラした生活をしていたように思います。

留学が迫るにつれ、なにもかもめんどくさくなりました。留学中の単位はそのまま日本の学校に反映されるので、留年はしないで卒業するつもりです。

今勉強してもどうせ一年後は忘れていると言い訳して、学校からの課題も提出期限ぎりぎりにやるか、手を抜くかで、成績がつかない実力テストには何も勉強せずに挑んでしまいます。

留学の準備をしているかといえば、家でYouTubeや人のSNSを見ています。今までと違い、勉強も終わらないのに見てしまいます。SNSチェックのしすぎで、面識のない人まで駅で「○○高校の○○さんだ」と視認できてしまうことも。食べ過ぎとわかりながら、お菓子を食べまくり、体重も五キロほど増えてしまいました。

毎日、「ああ、何もできなかった。でもまあいっか」とあいまいにして寝て、中途半端な一日を過ごして、の繰り返しです。どうしたら、自己抑制ができ、やる気を持って、毎日を過ごせるようになるでしょうか。

回答　「まあいっか」が強い武器に

わかります、その気持ち。締め切りや試験が近づくと、やらなければならないことが山積しているのに、ついたまっていたＤＶＤを見たり、どうでもよい雑用を片付けたりする……。プレッシャーのかかる予定ならなおさら。留学って、そりゃストレスがかかります。まったく見知らぬ土地に飛び込んで、言葉はできないし、うまくやっていけるかどうかもわからない。留学を決めたときには大決断だったんでしょう。その高揚感で昨年は「キラキラ」して過ごしたのでしょうが、予定が近づくにつれて気が重くなる……そんなものです。

答えはかんたん、あなたのその気分は現実逃避です。予定がリアルになるほど、逃げ出したくなるもの。このわたしにしてからが、あんなに楽しみにしていた海外旅行の前日になると、うざったいなあ、ああめんどくさ、何でこんな予定を入れたんだろう、と自分を呪っていますから。

かんたんなお悩みにはかんたんに対処しましょう。まずこんな気分には誰でもがなる、と理解しましょう。あなただけが特別ではありません。あなたはだらだら過ごしながら体重も増え、それでも「まあいっか」と思えるいいかげんで楽天的な性格の持ち主。こういう人は、追い詰められて予定をドタキャンしたり、病気になったりはしません。このいいかげんさと楽天性こそ、異文化で生き抜く条件です。準備不足でもかまいません。とりあえずだらだらしたまま、留学先に行っちゃいましょう。今さらドタキャンできないように、周囲に予告して。行き先はだいたい先進諸国。しまった、忘れたと思ってもたいがいのものは現地で手に入ります。行ってしまえば、そこは非日常の異文化。キラキラもだらだらも許さない疾風怒濤《どとう》の毎日が待っています。言葉の習得も同じ。水泳を学ぶのに畳水練をしてもムダなように、水に叩き落とされてあっぷあっぷしながら学べばよいのです。

異文化に向き合う秘訣は、予断と偏見なしに徒手空拳で立ち向かうこと。その際、「まあいっか」といういいかげんさと、「どうにかなるさ」という楽天性とは、強力なサバイバルツールになります。「何様」として行ったオトナが異文化からたいして学ばないことに比べれば、何者でもないあなたが異文化にさらされて学ぶことは無尽蔵です。あとになってあのとき外国へ行っておいてよかった、と心から納得するでしょう。

さあ、行ってらっしゃい。

7　「ネコ」でボーイッシュだめ？

相談者　女性　三十代

三十代の私はレズビアンで、現在恋人募集中です。今まで恋愛に興味が無かったため、この年まで恋人をつくってきませんでした。同性愛者であるということもあり、身近に出会いが無く、いつもネットの出会い系の掲示板に頼っています。

掲示板に書き込むとき、用語として受け身な人を「ネコ」、攻めの人を「タチ」と言います。私の場合は受け身の「ネコ」なのですが、「ネコ」は女性らしい人が圧倒的に人気です。私はネコですがボーイッシュです。

そのため、いつも「可愛い服を着ることもあります」と募集文に一筆加えています。うそではないですが、本当は圧倒的にボーイッシュです。キャップ（帽子）をたくさん持っていてボーイッシュな服を着たい、自分らしくいたいのです。

でもそうすると、募集をかけても誰からもメールが来ないし、からっきしモテません。

何とかメールのやり取りが続いて、実際に会う段階になると相手からの要望として「可愛い服で来てください」と言われてしまいます。ありのままじゃダメなのだと、無理をして、可愛い服を着て恋愛しなくてはいけないとなると嫌になります。

ありのままの自分で勝負するか、自分を抑えて可愛い服を着て恋人をつくるか。とても悩んでいます。どうか上野先生にアドバイスして頂ければうれしいです。よろしくお願い致します。

回答

ありのままのあなたでいい

ご自分のセクシュアリティをここまで自覚して、そのことをきちんと認め、それを受け入れてくれるパートナーを積極的に求めているあなた、ご立派です。

レズビアンにタチとネコがいて、それぞれ男装、女装のコスプレをしてるって、まあ、クラシックですねえ。今から三十年も前に、アメリカのレズビアンに、なぜレズビアンに男役と女役がいるのか、と尋ねたときの答えは、性愛に異性愛しかモデルがなかったから、というものでした。性愛もいろいろ、ということがわかるようになると、モデルにこだわらなくても女同士が愛し合えるようになったんだそう。最近のレズビアンやゲイを見ていると、どちらがタチでどちらがネコかわからないカップルが増えているような気がします。

ゲイにもどちらがセメでどちらがウケかわからない筋骨隆々の男性カップルがいますし、そもそもウケとセメが固定するとは限りません。ゲイの世界は多様化していて、デブ専、ハゲ専、老人専、などさまざま。この世界は蓼《たで》食う虫も好き好きですから、心配に及びません。

ファッションは生き方。あなたは自分のファッションを他人に合わせて変えたくない。

異性愛の女子は、モテのためのコスプレを平気でしますが、あれも女装ですよね。女装の必殺ワザは、スカートとロン毛。そんな女装に簡単に引っかかる程度の男にモテてもうれしくない、のなら、同じように、ネコの女装に簡単に引っかかる程度のタチにモテたくない、と思ってもいいのでは？　なぜなら相手はあなたに惹《ひ》かれているのではなく、あなたがまとった記号に反応しているだけですから。

世界は広いです。ありのままのあなたを受け入れてくれるパートナーは必ず見つかります。日本国内に限らずともいいじゃありませんか。わたしの友人は、女装男子でジェンダー自認は女性、ですが身体は男性のままで性交は異性愛、レズビアンの女性を恋人にしています。こんな複雑な彼（女）でもちゃんとパートナーが見つかるんですから。

こうやってみると、レズビアン、ゲイの世界は多種多彩で豊かですねえ。その代わり、モデルのない性愛を自分の手でつくりださなければなりません。制度が守ってくれるわけでもないし、役割で関係が安定するわけでもありません。これに比べるとロールプレーですむ異性愛は、安直で愚鈍に見えるでしょうねえ。

8　明るいニートの息子に悩む

相談者　母　五十七歳

私は五十七歳、息子は二十四歳です。彼が三歳のときに離婚し、直後は実家の近くに住まいを構え、地元の小学校に通わせ、私も実家の手伝いをしました。

その後、本人の同意も得て、インターナショナルスクールへ。そして彼は海外ではなく、日本の大学へ進学し、一年余りで中退しました。受験勉強をせず、TOEICのスコアで入学できたので、苦労していないのです。だから、自分が何を求めているのかわからない。

大学を中退してから二年弱。アルバイトもやめ、現在は、私と同居しつつ元気にニート生活。一日中、CSテレビなどを視聴して、「いいかげんにせんかい」とは限りなく言いましたが、のれんに腕押し。私が月末に彼のクレジットカードの支払いをしてやる始末。これが悪の根源だなと理解しています。

ただ、立ち止まってしまった息子がどう自分の道を見つけるか、できる限り寛容に見守りたいという親心もあります。何か押しつけて働かせても、本人の思いにそぐわないとやめてしまうかもしれない。そう思う私が、甘いのかもしれません。ニートといっても、私と一緒にお昼ご飯と晩ご飯を機嫌よく食べる。しかし、昼夜逆です。友人は「本人の気持ちが定まるまで、待ってやったら？」と言います。それにしても二十四歳。「ちょっと長すぎないかい、無為な夏休みが」という感じです。

回答　子どものために心を鬼にして

母ひとり、子ひとり。それも、手をかけた息子に働き盛りの甲斐性《かいしょう》のある母。離婚した負い目から息子にこれでもかと尽くしてしまうのが、やめられないとまらない私……。よぉーくわかっていらっしゃるんですよね。

昼夜逆転、テレビやネット漬け。家賃がタダで三食付き。カード代金は母持ち。絵に描いたような引きこもりです。息子の引きこもりを可能にする条件をあなたがわざわざ提供してあげているようなもの。これまでの研究では、外からの介入なしで引きこもりが自分から動き出した例は、きわめて少ないことがわかっています。そして引きこもり生活が長期化すればするほど、外へ出るのがますます困難になることも。「本人の気持ちが定まる」のを待っていたらどんどん長期化する一方でしょう。これを「長すぎる無為な夏休み」と捉えるあなたの現実逃避も心配です。

まだ二十四歳、間に合います。ここは心を鬼にしましょう。動物の親は子どもがひとりだちするのを促すために巣から追い払います。子育ての要諦《ようてい》は、「釣った魚を与えるのではなく、魚の釣り方を教えること」と喝破したのは坂東眞理子さん。このままではいつまでもパラサイトしつづける息子を置いて、先に死ねない、と切羽詰まる老後が目の前に待っていますよ。

インターナショナルスクールに入れたことで、近隣の友達集団から切り離されただろう息子さん。その後、海外の大学へ進学しなかったのは、そこでも挫折感を味わったであろうことは想像に難くありません。同世代の日本の若者と日本語で培う友情を持つ機会を与えなかったあなたにも、責任はありませんか？

一度じっくりと息子さんに向き合ってください。そして彼が何を経験してきたのか、母にどんな思いを持っているのか、これからの人生をどう生きたいのか……。目を背けずに聞いてあげてください。あなたの負い目や後ろめたさはひとまず置いておいて。本当はあなた自身がそれに直面するのが怖いのでしょう?

日本人の子が日本語の環境に暮らしながらインターナショナルスクールへ通うのは、たとえ本人の「同意」があったとしても、親の期待の押しつけからくるレアケース。その同世代の子どもにはレアな経験が、将来にわたって彼にとってプラスになると彼自身が感じることができるようになるまで、一歩踏み出すために背中を押すのがあなたの役割です。

9　保健室に通うやっかいな子

相談者　公立中学校教諭　三十代

三十代後半、公立中学校の男性教諭です。

やっかいな問題のある生徒にどう対応したらいいか、ほとほと困っています。

それは授業を受けず、保健室のベッドに寝に来て、自分勝手に時間をつぶしている生徒です。

「疲れた」もしくは「頭が痛い、体の具合が悪い」などと理由をつけて怠けています。

「だったら、早退して医者に診てもらえ」と言うと、「少し経ったら治るかもしれない」などと言って、結局保健室にずっと入り浸りです。

養護の先生からは「文句を言ったり、自分勝手なことをしたりして仕事ができない。担任の先生が何とかして」と半ば責められています。ですが、どうしていいのかわからず、そんな日が毎日続いています。

「しょせん、よその子」と、自分には何ら関わりのない生徒のことで悩んでも仕方がない、と思うようにはしているのですが、それでもイライラはおさまりません。

こういう生徒はごく少数で、ほとんどの生徒はいざとなったら話せばわかってくれます。だから、ほとんどの生徒のために力を尽くすことだけ考えようと思うことが常にあります。

考え方をどう切り替えたらいいでしょうか。イライラして腹立たしい気持ちから解消されるのでしょうか。

よろしくお願いします。

回答　「聴いてあげること」が大事

ううむ。もしわたしに子どもがいたら、あなたのような教師のいる学校には預けたくありません。昔から「手のかかる子ほどかわいい」って、言うじゃありませんか。「やっかいな生徒」ほど萌《も》える、おっと燃えるのが、プロフェッショナルな教育者というもの。自分の担任の生徒を「しょせん、よその子」って。そりゃないでしょう。

子どもは自分の問題を訴えるのに「ボキャ貧」ですから、カラダの不調で訴えます。この生徒さんは、学校へ来るのだってつらいでしょうに、保健室へ行けばますます教室へ足が遠のくでしょうに、それでも学校へ来て、それでも教室へ入れず、それでも保健室でようよう過ごし、「頭が痛い、体の具合が悪い」って、何かを必死になって、訴えてるんでしょうね。「体の不調」を文字どおり取るなんて、人間理解の初歩にも至りません。その背後に、何かいりくんだ隠された事情があることぐらい、カウンセリングの世界では常識。それを真に受けて「医者に行け」だの「休んだら」は見当違い。ましてや「怠けてる」なんて誤解もはなはだしい。ほんとに怠けてるなら、わざわざ学校へ来ないでしょう。

ほんとはこういう機微に立ち入るのが、担任にはできない、養護の先生のお役目。「仕事ができない」どころか、何かを訴えて保健室に来る子の相手をするのが「仕事」でしょ。

こうやってお互いに責任をなすりつけあうのが今の学校なのかと暗澹《あんたん》たる思いです。これじゃ、生徒にも親にも信頼されそうにありませんね。

大事なのは「話せばわかる」ことではなく、「聴いてあげる」こと。子どもはオトナに「聴かれて」いません。わたしも、よくおしゃべりしていると思っていた学生から、あるとき「センセイ、ボクの言うこと、聴いてない」と言われて、ドキンとしたことがあります。強者の側から見た相互理解って、一方通行のことが多いものです。

問題の生徒さんは学校へ出てきているのですから、引っ張り出すテマが要りません。「どうしたの?」「どうしたいの?」とじっくり聴いてあげてください。ただし安全な環境で。頭ごなしに否定しないで。「通訳」が必要なら学校カウンセラーのような第三者に頼んでもいいでしょう。この子が自分の子なら……あなたは見捨てることなんてできないはず。手のかからない「普通の子」より、きっとやりがいを感じるでしょう。

第2章　母が重たい

10 気分屋の母にうんざりです

相談者　中学三年生女子

中学三年生の女子です。父親は単身赴任で、中学生の妹と母と三人で暮らしています。

気分屋で怒りっぽい母に困っています。例えば、図書館で勉強していた私が母親に連絡すると、「すぐ迎えに行く」と言いながら、二十分、二十五分すぎても現れず、三十分後に車で来ました。近所の人と話していたようですが、「待たせてごめん」も言いません。私が怒ると逆ギレされ、「迎えに来るのは当たり前じゃない！」と言われました。

それなのに数日前、私が塾から予定より三十分遅れて車に乗ると、真っ先に私が謝ったのに「三十分も遅れて何様だよ！」と言われました。

母は日常的に気分の浮き沈みが激しく、怒られることに納得がいかなくても反抗することもできません（反抗すると余計に怒り、家の雰囲気がとても悪くなるため）。さっきまで機嫌がよかったのに数分後には気分が最悪のときもあります。

父がいたときはフォローしてくれましたが、いなくなると一層気分屋になりました。母と暮らすのはもううんざりです。

受験シーズンという大事な時期に入っていく中、細かいことを言われたり、いいなりになったりするのはイヤです。

高校は家から通うのですが、どうしたらいいでしょうか。母は私への愛情が全くないというわけではなさそうですが、私は正直、疲れています。

回答　あなたは人生の岐路にいます

ご質問を読んで思わず笑っちゃいました。そりゃそんなものです、夫が単身赴任なら家庭は妻の王国。お母さんは誰にも掣肘《せいちゅう》されることのない女王様で、あなたはたんなる臣下です。女王様の気分に振り回されるのは臣下の運命。それがイヤなら、その王国を飛び出すまでですが、受験生とあればそれも無理。あと数年の辛抱ですが、つらいところですね。

臣下に図書館に迎えに来てと言われて迎えに来る女王様は恩恵を施しているのですから、臣下を少々待たせても文句をいわれる筋合いはありません。臣下が女王様を待たせるなんて言語道断です。どうです？　母を女王様だと思えば納得がいくでしょう？　それでもわざわざ車を出して迎えに来てくれるんだから「愛情がないわけではない」のは本当。母と自分が対等だと思ってきたからこそ、いちいちむかつくんですね。

中学三年生の女子と母親の関係、っていちばん微妙な時期ですね。「気分屋で怒りっぽい」母親の性格は昔っからで変わっていないのでしょう？　これまではそんなものだと思ってきたのに、それが我慢できなくなってきたんですね。おめでとう、あなたがオトナになった証拠です。ですが独立するにはハンパな年齢なので、専制君主の王国にとどまらなければならない運命に苦しんでいるんですね。

母の王国から独立できない身なら「受験生」の特権を使いましょう。「受験生につき取り扱い要注意」の札をつくって、自分の部屋のドアに貼りましょう。「勝手に部屋に入らないこと」「部屋に入るときにはノックすること」「自分から言うまでは勉強の進み具合を聞かないこと」等々の受験生のトリセツ（取り扱い説明書）を表示しましょう。もう自分はかつて母が知っていたちっちゃな臣下ではない、自分の道を自分で切り開いていく人生の岐路にあるのだ、と親にも自分にも言い聞かせましょう。

気になるのは単身赴任のお父さん。進学するあなたのスポンサーは彼ですね。幸いにあなたと父親との関係はよさそうですから、離れている父とはかえってオトナ同士の会話ができるかもしれません。高校・大学受験はその後の人生コースを決める大きな選択ですから、きちんと話し合いをしておきましょう。仕事をしてきた父親のほうが、気分屋のまま家庭という王国の支配者を続けてきた母親より、きっと的確なアドバイスをくれるでしょうから。

11　この欄への相談を母に疑われ

相談者　主婦　五十代半ば

五十代半ばの主婦です。

八十三歳の母との関係について悩んでいます。母は小学校から薬科大学卒業まで成績優秀で、開業医だった父の商売も繁盛して経済的に成功したので、自分に絶対的な自信があります。親にも先生にも褒められて育ち、誰にも叱られたことはありません。自分は正しいと思い込んで決めつける癖があり、何を言っても私を信じてくれません。

二〇一〇年夏、母と私が口論になった後、八月二十一日付の「悩みのるつぼ」を読んだ母は、「あなたは上野千鶴子さんに相談したわね」と決めつけました。「違う」と言っても「あなたに決まっている」と信じてくれませんでした（編集部注・「母が嫌いです」という三十代主婦からの相談で、上野さんは「好きになれない母親をむりやり好きになることはない。問題は、娘が母を愛せない自責の感情から自由になれないことで、あなたに苦しみを与えているのはあなた自身の『母の要求に応えたいと思うよい子意識』」「性格が悪いけど困っている隣のおばさんに親切にするくらいの気持ちで十分」などと回答した)。

先日、もう五年以上もたつのにいまだにそう思い込んでいる母に、「悩みのるつぼ」投稿の件を責められました。内容をしっかり覚えていて「私を隣のおばさんと思っているでしょ」と。私が投稿したのではありません。助けてください。

回答　この回答をお母さんに見せてあげて

あるんですよねえ、こういう思い込み。お悩み相談のみならず、小説の登場人物が自分に違いない、と主張し、あまつさえ名誉毀損《きそん》だと騒ぐ人も。どんなに違うと言っても信じてもらえません。すみません、ご迷惑かけたようですので、責任とって回答させていただきます。

「お母さんがそういうから、今度こそほんとうに投稿したわよ」とこの欄をお見せになってください。あ、わざわざ言わなくてもきっと毎回読んでいただいていそうですね。五年前からのご愛読、ありがとうございます。

「あなたに決まっている」と責めるのは、お悩みの内容について、お母さんの側に自覚がある証拠です。セクハラも虐待も、最大の問題は被害者と加害者の認知ギャップ。加害者は自分が悪いことをしたとはこれっぽっちも思っていないのが、親子関係や男女関係のような非対称な関係の特徴です。それを思えば、お母さんは「思い当たることがある」という自省をお持ちです。自信たっぷりの人にはレア。きっと「母を愛せない娘」の相談が、あなたのお母さんのアキレス腱《けん》をぐさりと刺したのでしょう。

「相談したのは私じゃないけど、世の中には似たような人がいるものねえ」「ウチに限らず、ヨソにも同じようなことがあるのね」とひとまず嫌疑を引き受けましょう。「で、この中の何がお母さんの気に障ったの？」と尋ねてみましょう。そこから母と娘の対話が始まるかもしれません。

八十三歳の母。自信満々の人生でも、翳《かげ》りを感じて心弱くなる年齢です。不安が言わせたせりふかもしれません。この文面ではあなたにも「よい子意識」がありそうですし。どのみちこの相談が母の目に触れるのは確実ですから、「あなた、私をこんな目で見てたのね」「そう、それがつらかったのよ」「隣のおばさん扱いするなんて」「隣のおばさんでも、最後まで見捨てないから心配しないで。そのくらい責任感の強い娘に、あなたが育てたのだから。でも、

『お隣』ぐらいに、ちょっと距離を置かせてね。距離のある関係が、互いに優しくなれるゆとりを生むって、上野センセイも言ってるから」なんていうやりとりができると最高なんですけどね。

親しい関係であるほど、なかなか正面から向き合えないもの。こんな第三者の介在があると、オトナ同士の対話が成り立つかもしれません。この回答がお役に立つことを、心から願っております。

12 母に外見の現実をわからせたい

相談者 女性 二十歳

二十歳、女、母子家庭です。

五十九歳の母が自分のことを客観視できなくて困っています。母は裕福な家庭に生まれ、周りから「かわいい」と言われて育ちました。普通はある程度の年齢になればお世辞だとわかるのに、わかっていません。指摘すると「親をけなして楽しいの?」と怒ります。

田舎の親戚の前では、ファッションリーダーのような顔で、奇抜で趣味の悪い服を見せびらかします。友人はいなくなり、親戚からは引かれています。母より数倍きれいな三十代の知人に「私みたいになりたければ、もっと努力しなきゃ駄目」などと言ったらしく、恥ずかしいやら腹が立つやらで、放置することもできなくなりました。

昔からインドア派なので、確かにしみは少ないですが、明らかに肌に年齢が出ていて顔はくすんでいるし、口の周りにはしわがあるし、首には年輪が出ているし、頬もたるんでいます。

この前、運転免許の更新の写真撮影ではありのままの母が写っており、これで現実がわかると期待したら、母は「これってすごいおばあさんじゃない?」と憤慨。「私にはお母さんはこう見えるし、周りの人にもこう見えてるよ」と訴えたのですが、「そんなことない。写真を撮る人が悪かったの」。

母に現実をわからせ、愚行をやめさせたいのですが、どうすればいいですか。

回答　一緒に暮らすなら、ほめあわなきゃ

母の最大の批判者……娘ってこういうもんなんですねえ、やれやれ。あなたももう少し年をとったら、今のお母さんのうぬぼれを、笑って受けいれてあげられるようになるでしょうが、今はあなたがおとなになる真っ最中。親の子どもじみたふるまいが、本気で許せないのでしょう。

それにお母さんが周囲からどんな目で見られているかが気になり、「恥ずかしい」思いや「腹が立つ」経験をしているあなたは、母と自分を同一化しているからこそ。親バナレすれば、「ま、しょーがないわね」と距離を持って見ることができるでしょう。

五十九年こうやって生きてきた母を、娘のあなたでも、変えることはできま

せん。「友人はいなくなり」「親戚からは引かれ」ているそうですが、五十九年やってきた母に今さら親戚に受けいれてもらったり、お友達をつくったりすることも無理でしょう。母が自分を「かわいい」「きれい」と思いたい気持ちを考えましょう。きっとほかにうぬぼれるものが何もなかったんですね。これが実家の裕福さや頭のよさや学歴を自慢すると仮定してみましょう。きっともっと引かれ、もっといやな女と思われていたことでしょう。そう思えば容貌《ようぼう》のうぬぼれなどかわいいもんです。「現実」がわからないのは現実をわかりたくないから。受けいれがたいからこそです。

ところで母はあなたのことを「自分にくらべておまえは」とけなしますか？それとも「わたしの子だもの、かわいいに決まっているわ」とほめてくれますか？　前者なら母娘関係に問題あり、です。

「親をけなして楽しいの？」って、とってもすてきなせりふ。もしあなたの母があなたをけなしたら、同じように返しましょう、「自分が産んだ子をけなして楽しいの？」と。家族はこの世の中でもっとも身近な他人。一緒に過ごすならお互いにほめあいましょう。ただし本当のことを。今日は肌がきれいね、そのブラウスの色、似合うわね、と……。ほめるものが何にもなければ、爪の形がいいわね、でも。

最近、人さまの葬儀に出ることの多くなったわたしは、弔辞を読むくらいなら、その人への感謝やほめ言葉はその人の生きているうちに本人の耳に届くように言うほうがよい、と考えるようになりました。ですから上野に急にほめられた人は、死期が近い？　と要注意かもしれませんね（笑）。

13　子育て中、虐待の記憶が……

相談者　母親　三十代

三十代、育児一年目の母です。娘と接していると、私自身が子どもの頃、親がどう接してきたかの記憶が、断片的なイメージとなってよみがえってきます。罰としてお尻が赤く腫れ上がってもなお物差しでたたかれ続けたことや、真っ暗な中、家から閉め出されたことなどについて、以前は厳しい家庭で育ったのだと理解していたのですが、いまは、子に恐怖心を与えて服従させる「虐待」だったのではと思いなおしています。

何でも話ができる夫に打ち明けようにも、ひどいことばかりなので逆に（同様のことを私たちの娘にしないか）心配されそうで、なかなか話せません。

母と話し合い、気持ちに決着をつけようにも、現在母は七十歳手前で、父とは熟年離婚し、ひとり暮らし。自分がしたことを覚えていないからか、気まずいからか、そうした話題になりそうになると逃げます。

父とは音信不通で、私は、母と疎遠になればそれなりに楽になると思いますが、実際は母が電話やメールで孫の様子をときどき尋ね、その度につらい自分の子どもの頃の記憶がよみがえり、しばらくの間落ち込むということを繰り返しています。

母の現状を考えると、連絡してこないで、とは言えません。過去のつらい体験にできるだけのみ込まれずに穏やかに過ごすためには、どうしたらよいでしょうか。

回答　最初から弱音を吐いておくこと

子育ては自分の成育歴をたどりなおす旅、といいます。あなたは子どもを育ててみて、自分の受けた親からの子育てを追体験して、今さらのように怒りを覚えているのですね。

虐待の連鎖というういやなコトバがあります。虐待された子どもは親になると虐待を繰り返す、という傾向です。でも誰もがそうなるわけではありませんから、母親の子育てを虐待だったと思い返しているあなたは、自分の子どもには決してそんなふるまいはすまい、と母親を反面教師に固く決心しているのですね。決意を実行するには、口に出すに限ります。「毎日一万歩歩くぞ」と宣言してまわるのと同じです。口に出せば引っ込みがつかなくなります。

心のなかにたまりにたまったマグマは吐き出すのがいちばん。ただし当の親にぶつけるのはやめておきましょう。たいがいの場合、親はつごうの悪いことは忘れているか、自己正当化に走るからです。ですが子育てのパートナーである「何でも話せる夫」には洗いざらい不安も含めて話しましょう。「わたしがお母さんみたいになるのが怖いから、ちゃんと見ててね」「わたしを孤立させないでね」と。周囲の信頼できるママ友にも、「わたしは虐待を受けて育ったから子どもにはそうしたくないの、注意してね」とオープンに告げておきましょう。必要があれば母親にも「お母さんがわたしにしたようなことを娘にしてほしくないから、預けるのはやめるわね」と、責めるのではなく告げておくとか。母親も「まあ、人聞きの悪い」くらいは言うかもしれませんが、できるだけ自分の周囲を風通しよくしておくことです。

わたしの友人は子育て中にこう言いました。「子どもと密室で三時間以上いると、母親は子どもに対して凶器になる」と。あなたの母親にも事情があったのかもしれませんが、裏返せば、誰だって同じ状況に置かれれば虐待の加害者になる可能性があります。彼女の解決法は単純明快。三時間経ったら必ず他人を入れたのです。子どもはひとりでは育てられません。絶対に負けない方法は、最初から弱音を吐いておくこと。子育てでカッコつけようなんて思ってはいけません。「わたしぃ、被虐待児だからあ、うまく子どもが育てられるか心配でぇ」と少し大げさに周囲にいいふらしておけば、まわりが目を配り、手も出してくれます。「被虐待児」も百回言えば明るく言えるようになります。

14 受けた傷を母親にわからせたい

相談者　女性　四十代

もうすぐ五十歳になる会社員です。結婚して子どももいます。

私はアダルトチルドレン（ＡＣ）です。父はアルコール依存症、母は私にあたりちらし、つねられる、たたかれるが普通の幼少時でした。四歳で初めて自殺を考え、殺鼠剤《さっそ》を飲もうとしましたが、察しのいい叔母が薬を隠してしまいました。

小さな頃からバカ、ブサイクなどと言われ、自分をそう思ってきました。けれど現実には私は頭もよく、見た目も平均以上に良かったのです。努力して奨学金で進学しました。長い間結婚から遠ざかっていましたが、三十二歳で今の夫と結婚し、悩んだ末、子どもも産みました。ありとあらゆる本を読み、最高の母親になろうとしました。

努力は実を結び、子どもは虐待など縁のない性格に育ち、優しい人になりました。そんなある日、母から「お姉ちゃんがいい子育てをしたのは、私がいい親だったからよね」と何げなく言われ、ショックを受けました。

今更自分が受けた傷を話して老いた母を苦しめたくもないし、子どもにも私がACだったことも言っていません。ただ、黙っているのはつらく、時にノートに自分の苦しみを書きつけています。私には持病があり、あまり長くありません。ノートは死期が近づいたら処分しようと思っています。私の人生って何だったんでしょうか？　人生の先輩に聞いてみたいのです。

回答　自分でつくりあげた人生に誇りを

アダチルことアダルトチルドレンの元々の意味は、アルコール依存症の親を持つ子どものこと、転じて機能不全家族で育って心の傷を負った子どもたちを意味するようになりました。あなたはその点、典型的なアダチルですね。きっと暴力もあったことでしょう。お母さんはそれに耐えて、さらに弱い子どもに当たってきたのでしょう。四歳で自殺未遂とは、壮絶な子ども時代を送ってこられたこととお察し申し上げます。よく生きのびて、ご自分の家庭をつくられましたね。

そんな母からさえほめられる子育てなら、ひとまずあなたはよい母親だったと評価を受けたことになるでしょう。それも母親を反面教師にして、そうはなるまいと歯を食いしばってきたからこそ。それが母親には通じない。そう伝えることもできない……。言っておきますが、たとえ口にしても母親には通じません。わたしにも似たような記憶があります。母の死の床で思い余って「お母さん、わたしは家を出てから自分を必死で育て直したのよ」と言ったときの母のせりふ。「なら、わたしの子育てがよかったんじゃないの」。♪母という名にゃ勝てやせぬ。そうです、ほとんどの母はモンスターです。この怪物の辞書には「反省」という語彙《ごい》はありません。

ところで「最高の母親」をめざしてきた、というあなたにも、もしかしてそのモンスターは潜んでいませんか。子育ての最終評価者は子ども自身。あなたの娘さんは母親としてのあなたをどう評価しているでしょう？　こわくて聞けない？　三十二歳で結婚なら娘さんは十代。むずかしい年頃です。母親と葛藤がないとは思えません。葛藤がないならないで、問題ありかも。もう少し娘さんが大人になったら、「わたしはどんな母親だった？」と聞いてみるのもいいかもしれませんね。「わたしとおばあちゃんとの関係をどう見てた？」とも。子どもはよく見ているものですよ。

ともあれあなたは両親から学んでそれとは違う家庭を築いてきた実績があります。あなたが自分でつくりあげた人生に誇りを持ちましょう。いずれ娘さんも、あなたから学んで、あなたとはまた別の人生を歩むでしょう。その娘を祝福してあげることができたら、あなたはよい親だったことになります。

子育て成功譚《たん》を聞く度に思い出す柄谷行人《からたにこうじん》さんの言葉があります。

「子育てに、成功はない」

すべての親がこのくらい謙虚ならいいのですが。

15　母の介護ができるでしょうか

相談者　自営業　男性　五十四歳

私は、五十四歳の自営業の男性で独身です。現在八十一歳の母と二人住まい。その母と今後どのように過ごしていったらよいのかご相談致します。

母は大変気が強い人間で、決断力があり身の回りのことを全て自分が決め、自分が納得しないことは絶対妥協しません。

一方私は、あまりにも気がきかず、行動を何一つ評価されたことがありません。子どものころから、親にほめられた記憶がありません。親だけが私に厳しいのかと思っていましたが、学校でも社会に出ても散々の評価で、我ながらよく今まで臆面もなく生きてきたと思っています。仕事の無いときは母の家事を手伝いますが、当然ながら叱られることの連続で、しばしばやる気がないなら出ていけと言い渡されることになります。

その母も年には勝てず、体調不良を訴えることが多くなりました。今まで母は、祖母や私の父が施設に入所した折の体験から、あんな場所には絶対行かないと言っていました。しかし素人の私、それも家事ひとつ満足にできない人間が、母の希望通りの仕事をしてかつ介護をこなす自信はまったくありません。

将来私は母と同居して介護をする方針でいますが、本当にこんな有り様で実行できるのか心配でなりません。

今後どう心がけたらよいのか、また何か心得違いをしているようなら、ご教示ください。

回答　あなた自身の自立が問題です

娘の母殺しより息子の母殺しのほうが困難、といいますが、そのとおりですねえ。気が強くて有能な母のもとで五十四年間「息子」を演じてきたあなたは、もはや息子役割から降りることはできないでしょうし、それにそうしたらあなたは一生自責の念に駆られることになるでしょう。あなたは母の幸せに責任を負わされながらそれを達成することのできない「ふがいない息子」の役割を背負いつづけ、それでも母から逃げないことで母の期待に応えてきたのですね。まあ、ほんとにご苦労さまな孝行息子だこと。

これからだって母親は、あなたのやることなすことすべてが気に入らないでしょう。老化が進み息子と力関係が逆転した母の不如意はますます高じ、母のイライラをぶつける対象になるでしょう。

同居介護を引き受けるということは、これまで庇護《ひご》されてきた立場を逆転して自分が保護者になることを意味します。マイナスをゼロにしたうえに、プラスにするようなもの。そのためにはまず、これまで母に依存してメシ・フロ・ネルの生活をしてきたのなら、家事能力を身につけましょう。なんの、コンビニという強い味方があります。栄養バランスさえ考えて自分自身の食の管理ができればそれでOK。それが母からの自立の第一歩です。

次にあなたが母の介護者になることはできるだけ避けましょう。家事能力に加えて介護力まで身につけるのは、ハードルが高すぎます。身内なら不満をぶつけることもできるでしょうが、赤の他人ならそうもいきません。介護保険をめいっぱい使ってヘルパーさんに来てもらい、それでも足りない分は自費負担してでも他人の助けを求めましょう。そのためにかかる費用は母の資産をすべて使ってもよい覚悟で。が、家族には最後まで意思決定の責任が伴いますから、その責任は果たしましょう。

母の介護より重要な課題は、母亡きあとのあなた自身の自立。お母さんがいなくても生きていけるボク、になることです。あなたが追い詰められないこと、あなたが母の虐待者にならないこと、これがいちばん大事です。どたんばになったら母の意に沿わなくても施設入居も考えましょう。どのみち親が先に逝くのが順番というもの。親の幸福より子の幸福。お母さん、ボクは大丈夫だから、安心して先に逝ってね、と言ってあげるのがほんとうの親孝行と思ってください。

第3章　夫がイヤです！

16　退職した夫が束縛します

相談者　女性　六十四歳

六十四歳女性。結婚四十年、同居の娘一人、孫二人。

十代から「男も女も同じ人間」を、信条としてきました。それで結婚も人生観と価値観の共有を優先して決めました。

夫が退職するまでは多少の波風はあったものの、何とか折り合ってきました。最近、男と女はしょせん次元の違う生物なのだろうか、と思うようになりました。夫は私が真面目に家事をし、おいしい食事を提供すれば、大満足です。私は健康なうちは、お互い自立した生活をすることが理想で、共働き中も現在も、生活費は一部を除き基本的に別会計です。

人間が一人では生きていけないことは理解しているつもりです。夫は私を愛していると確信しているようなのですが、心配性です。あまりにも私の行動を束縛するので（本人いわく……束縛しているつもりはない）、ときどき心底息苦しくなります。

この先、介護するか、されるかの人生が来ることは覚悟しています。とはいえ子育てと仕事から解放された今を、もっと自由に謳歌《おうか》したいのです。

夫は、組織の中でトップ近くまでは昇進したので、趣味どころではなく、燃え尽きたのかもしれません。昨年中は娘も交えてとことん話し合い、好転したようにみえました。しかし、人は変わらないのですね！　夫源病一歩手前？　です。いいストレス解消法をご伝授ください。

回答　夫を「地域デビュー」させる努力を

夫の退職がきっかけで夫婦の間に危機が訪れるケースはよくあります。ずっと仕事一筋で不在だった夫が家にいるようになってから、え、こんな男だっけ？　と番狂わせが起きる、というケースです。

結婚歴四十年、親業も卒業し、おそらくバツイチ、シングルマザーの娘と同居、孫がふたり、なんて母系三世代同居は、他人も羨《うらや》む境遇ですね。要らない夫を置いて孫を連れ帰ってきたのだから、でかした、ムスメ！　というところでしょう。

ずっと共働きで、サイフもふたつ、家事も得意で料理上手、夫から見ても非のうちどころのない妻に違いありません。そのうえ、「人生観と価値観を共有した」愛のある夫婦だなんて！

仕事のなくなった夫は「かまって症候群」なんでしょうね。一昔前は、「濡《ぬ》れ落ち葉」「ワシも族」とも呼ばれました。あなたの出歩く先に「ワシも」とついてきたがったら、たまにはつきあってあげてもいいけれど、いつもならウザイですし。部下を失った夫は、今度はあなたを支配したいと思っているのかもしれません。

これまで何十年も妻の行動に関心も払わず干渉もしてこなかった男が、急に「心配性」になるなんてことはありません。あなたの行動に干渉するのは、心配性と見せて、実は「ボクをかまって」というメッセージ。それなら「かまって」あげたらよいのですが、何もあなたでなくてもかまいません。

夫はまだ退職ライフのビギナーのようですね。今からでも遅くありませんから、夫に出歩く先をつくってあげてください。オヤジの地域デビュー、サクセス体験談を聞いたことがありますが、そのほとんどが、妻が情報を収集し、段取りをつけ、背中を押してようやく出て行った先にはまった、というケースでした。男はめんどくさい生きものですから、口実がないと出られないのでしょう。それに上下関係のもとで命令されつけているので、ことほどさように自発性のない生きものと観念しましょう。こういう夫の地域デビューに成功した妻のひとりが、その動機を語っていました……「わたしの平安のために、出歩いてもらっています」と。まちがっても家庭回帰など、しないでいただきましょう。どのみちもとから家庭には、夫の居場所などないのですから。

夫源病のストレス源は夫。ストレス解消の決定打は、ストレス源を無くすことです。

17 夫の色オンチがひどい！

相談者　女性　六十四歳

私六十四歳、夫六十八歳です。

夫の色オンチのことで相談します。

結婚前から、夫は決して洋服など色に関してのセンスがいい人ではありませんでした。

ただ、会社勤めのときはスーツ、ネクタイ、シャツ、靴下、ハンカチ、すべて私が選びそろえて、着てもらっていました。

その結果、会社内では「とても趣味のよい人」と思われていたらしく、本人はご満悦だったみたいです。

定年と同時に、自分の洋服を自分で選んで買ってくることが楽しくなってきたようです。

ところが、夫が買って着ている服は、あまりに色の感覚がおかしく、その色オンチぶりに家族全員がへきえきしているという現状です。

一年くらい前からは毎週一週間分、パソコンで自分のラッキーカラーとやらを出し、それに合わせて、上から下まで洋服の色を決めて着ます。

もちろん配色などは全くお構いなしですから、見ているほうは気が変になりそうなときもあるほどです。

一体、ラッキーカラーとは何なんでしょう。一日が無事に過ごせるおまじないでしょうか。何色もある中の一色を使用すればいいのでは、と注意しても、直そうとしません。

どうしたら色をステキに取り入れることができる夫になるでしょうか。

回答　初心者だから「ほめて、伸ばす」で

このところ定年退職した夫との関係仕切り直しの質問が相次いでいます。何十年「社畜」をやってきたあとに、晴れて自由の身。こんな男だったの？　と妻が目を白黒させるという例のひとつが、このご相談です。

会社を辞めて突然はじけたあなたの夫。会社からも妻からも自立して、自分の服を自分で買う楽しみに目覚めたのですね。ご本人はオシャレのつもりでしょうが、ハタにはちっともそうは見えない、色オンチ……だそうですが、考えてもみてください。四十年以上も妻の言いなりだったんですよ。たとえ「趣味のよい人」と言われようが、ご本人にとっては会社勤めという制約のなかでの抑圧だったにちがいありません。

ご自分の服装遍歴を思い出してください。若いときから、試行錯誤をくりかえして、とても着られそうもないものを衝動買いしたり、ムダも含めて女性は着ることにどれだけの投資をしてきたことでしょう。そのおカネのいくらかは夫のフトコロからも出ているはずです。

ファッションにはリテラシーがあります。そのリテラシーを身につけるには時間もカネもかかっています。失敗もあります。女性が男の視線より同性の視線を意識してオシャレするのは、男のリテラシーが低いから。気張ってもその甲斐《かい》がないからです。

あなたの夫はまったくの初心者。制服のない世界に初めて出ていく若者と同じ、と思ってください。いずれ周囲の反応から、何が似合うか、夫も学習するでしょう。色オンチも個性のうち。それがやがて夫の持ち味になるかもしれません。使うのはあなたのおカネじゃないのだから、干渉はやめましょう。賭事や風俗に使われるよりましです。育て方はすべての教育の要諦《ようてい》と同じ。「ほめて、伸ばす」です。「あら、今日はすてきね」「昨日よりましよ」と。ほんとにイヤなら、並んで歩かないこと。他人だと思えばハラも立ちません。

ところでラッキーカラーをそろえるなら、パンツから。夫は下着も自分で買うようになりましたか？　わたしの下着の研究によれば、これこそ妻からの下半身の解放宣言。ここは手綱を手放したくない妻とのあいだで、確執が起きそうなところです。夫が下着の自立も果たしたなら、ついでに洗濯も自分でやってもらいましょう。夫の自立は妻の老後の幸福の条件です。その第一歩を夫が踏み出したことを祝福してあげてください。

18 「ばあちゃん」はイヤです

相談者　女性　六十三歳

夫六十五歳、わたし六十三歳です。

このごろ、夫が私のことを「ばあちゃん」と呼ぶので、とても傷ついています。私は今の六十代の方たちは、じいちゃん、ばあちゃんと呼ぶには申し訳ないほどの若々しさだと思います。昔の小説などでは六十代の女性を「老女」と書いてあるものもありますが……。

夫は私が抗議すると、「だって孫のおばあちゃんじゃないか」と言います。確かに、私には孫が二人います。孫におばあちゃんと呼ばれるのはまったく構いません。でもだからといって、夫からおばあちゃん呼ばわりされるのには耐えられません。仕返しに「じいちゃん」と言い返すと、「ああそうだよ、じいちゃんでけっこう」とうそぶきます。本当はそんなこと思ってもいないくせに。

なぜなら夫は自分が若く見られることを日頃から自慢しているからです。確かに夫は悔しいことに若く見えます。髪の毛はふさふさですし、白髪も少ししかありません。私より二歳上ですが、三十五年前に新婚旅行で沖縄に行ったとき、タクシーの運転手さんから「ごきょうだい（姉と弟）ですか」と言われたくらい。思えばあれも屈辱でした。まだ、二十八歳と三十歳だったのに。

とにかく私は夫からばあちゃんと毎日呼ばれることにこれ以上もう、耐えられません。どうしたらばあちゃんと呼ばないようにさせられるでしょうか。

回答　「呼び方」は関係を反映してますね

六十三歳。孫もいるんですね。堂々たるおばあちゃん、ではありませんか。お孫さんにはなんて呼ばせていらっしゃるんですか？　「大きいお母さん」「グランマ」とか、呼ばせている人もいるんだそうですが、保育所に行ったら、お孫さんが混乱するだけ。

何がそんなにおイヤなのかしら？　自分より若く見える夫が、自分をばあさん扱いすることが許せない？　これまでお互いにどう呼び合ってきたのでしょう？　「おとうさん」「おかあさん」？　それなら孫ができたら「おじいさん」「おばあさん」になるのはあたりまえ。それ以前から、親族呼称ではなく、「あなた」「キミ」「○○子さん」と呼ばれてきたのなら、変える必要はありませんが、呼び方はそれまでの関係のあり方の反映ですね。

腹が立つのは「ばあちゃん」と呼ばれているのが自分だと思えばこそ。夫が「ばあちゃん」と呼ぶたびにきょろきょろ辺りを見渡して、「あら、誰のこと？」と返事をしない、という手もあります。

あなたの選択肢は以下の三つ。第一は「ばあちゃん」と呼ばれたら「倍返し！」で「もうろくじいさん」「くそじじい」と呼び返すこと。しかし、これを採用すると夫婦仲はますます悪くなりそう。第二は「ばあちゃん」に決して返事をしないこと。第三はこの際、新しく呼ばれたい呼称を提案すること。名前をちゃんと「さん」づけで呼んでもらいましょうか。そのうち孫も「さちこさん」とか呼び始めるかもしれませんし。

それにしても、六十代の抵抗は、いつまで続くのでしょうね。七十代、八十代になっても「ばあちゃん」と呼ばれることに抵抗しつづけるおつもりでしょうか。わたしは最近電車のなかで座席を譲られることがとみに増えました。ショックを受ける人もいるそうですが、年齢相応に見えるのだろうとありがたくお受けしております。日本もそんなに悪い社会じゃないんだ、と思いながら。

いくら抵抗しても、いつかは老後が来ます。じたばたしないで軟着陸したほうがよいと思いますけどね。それに何より、長い間つれそった老夫婦。お互い、くさしあうより、いたわりあうほうがずっとよいではありませんか。あなたの夫に欠けているのはこの妻に対するいたわり。ほんとはそれが許せないのですね。これから先は呼称問題を超えますので、夫婦で話し合いをしてください。先は長いですから。

19 私の心に関心ない夫

相談者　妻　五十代

結婚十年目の五十代夫婦です。夫との会話が続かず、悩んでいます。私が彼に質問したり、好きそうな話題をふったりすれば続きますが、彼から私のことを逆質問したり、話題を提供したりすることが全くありません。

単に寡黙とか口べたではなく、要するに彼は、私の気持ちや行動や人生に対して全然興味を持っていないのです。

興味がないから質問しない。相手の心に近づこうとする欲求が希薄。自分の心をわかってもらおうという欲求も希薄。私だけでなく、人間関係全般について同様で、親友もおらず、親兄弟にもそんな感じ。でもまじめな働き者で当たりもいいため、職場では同僚から信頼されて「いい人」の典型のような存在として通っています。本人もそんな自分に自信があり、なんの不自由も感じていません。

でも妻としては「寂しい」の一言です。彼は家事も育児も手伝ってくれるイクメンですが、イクメンでなくてもいいから、「君はどう思う?」と聞いてほしいとさえ思います。私の心に無関心な人と一緒にいてもリラックスできません。

おそらく彼は「いい人」を保つために相手に近づきすぎず、興味も持たないという道を選んで生きてきたのでしょう。そんな彼を変えることはもう諦めて、私が変わるしかないと思いますが、どうしたらリラックスできるようになるでしょうか。

回答　期待水準を下げてやり過ごせば

人は自分について、よく知っているものですねえ。そう、あなたが的確に分析しているとおり「彼は、私の気持ちや行動や人生に対して全然興味を持っていない」のです。愛するったぁ、相手に関心を持つってぇことよ。要するにあなたは愛されていないのです。その現実をまず認めましょう。

もちろん愛がなくても結婚できます。人が結婚を選ぶ理由はいろいろ。結婚十年で五十代なら、結婚したときはすでに四十代。あなただって、今さら惚《ほ》れたはれたで相手を選んだわけではありますまい。それにしてもすでにオトナの男女。結婚前に相手の性格を見抜けなかったんでしょうか。それとも十年努力してきて相手を変えられないと見極めがついたのか、十年ガマンしてきてガマンの限界に達したのか。ですが、「寂しい」くらいでは離婚の理由にはならないのでしょう?

夫がまめなイクメンであるだけでなく、暮らしの安心と安定を供給してくれれば、それ以上「関心」まで期待するのは過剰な要求というもの。そもそもひとりの異性から、生活の安心、安定にとどまらず、関心や愛情、知的刺激から性的満足まで……何もかも調達できると思う方が間違いです。

わが身をふり返って、同じことを自分が誰かに提供できるかどうかを考えてみてください。だとしたらあとは用途別使い分けあるのみ。夫から調達できないものはよそに求めましょう。家庭を壊す気持ちがなければほどほどに。女友達も承認を供給してくれます。

聡明《そうめい》なあなたは「彼を変えることはもう諦めて、私が変わるしかない」とすでに答えを出しておられるのですから、夫に対する期待水準をぐんと切り下げて、結婚生活を継続なさることでしょう。相手が置物か壁紙だと思えば、気にせずにすみます。日本の多くの妻は、こうやって結婚生活を維持するサバイバルスキルを磨いてきました。あなたも例外でないだけで。

そのうち、定年で職場での居場所を失った夫が、妻に「かまって症候群」に陥ったときはすでに手遅れ。とはいえ、周囲に関心を持たない夫が、今度は「自分に関心を持ってくれ」と要求する可能性は低いですから、扱いやすい夫であるとも言えます。

こうしてお友達いない系の孤独な夫と、夫との関係をギブアップした外向きの妻とのカップルが、また一組増えることになるのは哀《かな》しいですが。

20　家事ハラ？　の夫に困って

相談者　主婦　三十代

四歳と一歳の子どもがいる結婚六年目の三十代の主婦です。今回相談したいのは同じ三十代の主人のことです。

主人は自他共に認めるしっかり者で、子育てはもちろんトイレ掃除や洗濯、アイロンがけまで、私が頼まなくても自分から進んでやってくれます（ただし、料理はさっぱりですが）。

一方の私は、親の育て方もあってか、どちらかというとのんびり屋さんであるため、段取りをつけて家事や片付けをすることが苦手。家の中でものをなくすことや、ちらかっていることも多いです。

そのため、よく主人に、「風呂場で脱いだものはきちんと洗濯機に入れなさい」「取り込んだ洗濯物はすぐ畳んで衣装ケースにしまいなさい」「使ったものは元の場所に戻しなさい」と子どものように注意されてしまいます。

挙げ句の果てには「だらだら家事をやっていると子どものしつけに悪い」とまでいわれてしまう始末。確かに正論では主人のいうとおりで、結果的に主人のおかげで家事も進み大変助かっているのは事実ですが、ついつい、口うるさく感じてしまいケンカになることもあります。

ＤＶは全くありませんが、ややモラハラ気味（家事ハラ？）に感じてしまいます。よく主婦向け雑誌で相談されるのと逆パターンですが、こんな私はわがままでしょうか？

回答　最終的判定は子どもがするはず

いるんですよね、こういう夫。逆のケースが多そうですが、その場合は妻があきらめてまめに始末して歩くので、トラブルにならずにすんでいるだけ。これを「家事ハラ」と呼ぶのは、まちがいです。

「家事労働ハラスメント」を造語した竹信三恵子さんによると、「家事ハラ」とは家事労働を背負うことによって主として女性が社会でこうむるさまざまな不利益のこと。このケースは家庭内異文化摩擦というべきでしょう。

夫と妻は育ってきた家庭文化が違います。きれい好きの夫に、ちらかっていても平気な妻。逆もあります。こういう時は「気がついた方が動く」傾向がありますので、実際夫はまめに動いているのでしょう。

どちらかがどちらかを矯正することができなければ、あとは平和裏に異文化共存するしかありません。夫は妻を「指導」したいようですが（それが「モラハラ」？）、六年間やってみて、その効果が薄いとそろそろ気がついてもよいのじゃないでしょうか。そのせいで夫婦間ストレスが大きければ本末転倒です。料理の味付けと同じように身体にしみこんだ家庭文化はなかなか変えられません。そういう相手を選んだとあきらめてもらうか、相互に妥協点を見いだして歩み寄るか。もしくは家のなかの「公共ゾーン」「分担ゾーン」「個人ゾーン」をすみ分けて、「公共ゾーン」については共通のルールに従うが、他のゾーンでは互いに見て見ぬふりをするか。あなたのことなら台所も散らかっていそうですが、その「分担ゾーン」には夫は踏み込んでこないのでしょう？

最終的な判定はいずれ子どもがしてくれます。子どもがきちんと片付いたキモチよさを選ぶか、ゆるい乱雑さを選ぶか。多勢に無勢になれば少数派は多数派に従うしかありません。とはいえ子ども二人に夫並みの片付けを教えるのは難しいですから、当分あなたが優勢でしょう。少々家が片付かなくても死ぬわけじゃなし、子どもがのびのび育つほうがずっとまし、と思ってくれればあなたの勝利です。ですが、夫の「個人ゾーン」だけは好きなように残してあげましょうね。そのうち夫は片付いた自分の個室に避難するようになるでしょうから。

異文化と共存するのは実は不愉快なもの。それに耐えられるのは愛があるからこそ。愛がなくなったから立ち居振る舞いが気にいらなくなるので、その逆ではありません。

21　アイドルグループに夢中な夫

相談者　妻　四十代

四十六歳の夫のことで相談です。夫はある女の子のアイドルグループに夢中です。

ファンになるのは自由ですし、年齢は関係ないとは思うのですが、ニヤニヤしながらＤＶＤを見たり、ペンライトを持ってコンサートに通ったりする夫に、子どもたちは「お父さん、マジ、キモい」とまで言います。

先日、中学生の娘の友人が遊びに来たとき、リビングにおいてあった、そのアイドルのＤＶＤを見つけ、「えっ？　お父さんの？　お父さん、ヤバくない？」と言われ、とても恥ずかしかったと言っていました。

今まで夫とふたりで映画に行くなど、よく出かけていた娘が、最近、夫が誘ってもつれない返事しかしないのは、思春期だからと夫はいつも思っているようですが、娘は「いい年して、自分とあまり年の変わらないアイドルに夢中になるなんて気持ち悪い」と言います。

夫には、それとなしに「文句をつけるつもりはないけれど、子どもたちもいい感じに思っていないから、子どもたちの前では控えてね」と言ったのですが、相変わらずです。

小学校六年生の息子ですらあきれていますし、私自身も理解できません。

このままでは、夫と子どもたちの関係もどんどん悪くなりそうで、どうしたものかと困っています。アドバイスをいただければありがたいです。

回答　三つの基準をクリアしていれば

四十六歳の夫が女子アイドルグループに夢中！　あーあ、こんな平和なお悩みでほんとによかった。福島の避難者の方からお悩み相談なんて受けたらどうしよう、深刻すぎて答えられないなあ、って本気で心配してたんですもの。

韓流にはまる母、宗教団体に入れこむ母、っていう相談が前にありましたっけ。今度はそれの男性版ですね。お答えの基本はそれと同じ。理解も共感もできない趣味にはまりこんでいる家族を許容できるかどうか、です。そのための判断の基準は三つ。

第一に、はまっているのがそれより困ったことだったら、と仮定して許容範囲にあるかどうか。夫がウルトラマンのフィギュアに夢中だったら？　はまっているのがソープ通いだったら？　女の子のアイドルじゃなくて壇蜜だったら？　彼女のエロい写真集がリビングにころがっていたとしたら？　それと比べたら、ま、いっか、と思えるかどうか。第二に、自分が夫の理解も共感もできないことにはまったときに、相手からの干渉を許容できるかどうか。嵐の追っかけをやったら？　韓流ドラマにはまってＤＶＤを毎晩見てたら？　すてきなコーチに憧れてジム通いを始めたら？　もし夫がそれらを許容してくれるとしたら、あなたの方でも夫の行動を大目に見てあげましょう。

第三は、それで実質的な迷惑が家族にかかるかどうか。おカネを使いこんだり、仕事がおろそかになったり、家に遅く帰るようになったり、困った影響が出たら赤信号。でも、それがなければ本人も許容範囲内で自粛していることでしょう。

オジサンたちはアイドルが好き。あの田原総一朗さんもＡＫＢ48のファンだと言います。オバサンたちもジャニーズ系のアイドルが好き。わたしには嵐の個体識別さえできないんですけどね。心理カウンセラーの信田さよ子さんに言わせれば、今や韓流とＡＫＢ48が日本の夫婦の危機を救う！　とか？

家族とは同質な集団に見えて、実は、異文化度がもっとも高い集団です。世代と性別がこれだけ異なっていれば、ほとんど異文化がまじりあった集団と言ってよいほど。異文化接触では摩擦が起きるのはあたりまえ。異文化共生に予定調和はありません。理解も共感もできない生活習慣や生活文化に接触して、そのキモチわるさに耐えること……それが異文化共生なんですから。だいじょうぶ、愛さえあれば、これからも共生できます。

22 常にえらそうに物言う教師の夫

相談者　女性　五十代

私は、教師の夫をもつ五十代の女性です。

夫は職業柄なのか、自分の持っている知識、考え、思いなどがこの世で一番正しいと考えています。

他人にもそうですが、特に家族には上から物を言います。

最初は夫の言うことをうんうんと聞いていた私が、少しでも違う意見を言ったりすると、「もういい」と言って無視されます。

聞き流しているときもありますが、子どもの言うことでもとにかくいったん否定し、自分の考えを延々と述べていきます。

自分の生徒、そして世の中や全体の人たちを「あほう」と「賢い」で振り分け、私は「あほう」の部類に入れられてしまっています。そして、私と同じ出身校の芸能人をバカにしています。

私は世の中には、一人一人、顔や性格が違うようにいろいろな意見を持った人がいて、大げさに言えば、日本には、一億二六〇〇万通りの生き方、考え方、思いがあると思います。

そんな人たちのいろいろな意見を寛容に受け入れてこそ、人間の器が大きくなるというもの。長所も短所も含めてそれも人。夫も私もそのうちの一人。そう私はわかってはいますが、そんな私がこういう人を毎日受け入れていくには、日々どんな態度でいれば心が平穏でいられるでしょうか。

回答　「夫育て」は忍耐と寛容ですが

教師の夫、ねえ。困った職業のひとつです。理由は職場でも家庭でも、あるいは飲み屋でも「教師仮面」をはずせないこと。いっつも上から目線でご指導されたら、そりゃうんざりしますよ。教師の息子や娘がぐれるのはよくあること。妻だってぐれたくもなりますよね。

自分ひとりが正しいと思い、妻の意見を聞かず、子どもの言い分を否定し、生徒をバカにし、学歴だけで人を判断する……とってもセンセイらしいオヤジですが、子どもさんはこんな父親をどんな目で見ているのでしょうか。この先生、きっと生徒からも愛されてないいんじゃないかな。

察するに、あなたはとうに夫より成長してしまってるんですね。だからかつて尊敬したこともある夫の限界が見えてきてしまった。夫婦は共に成長するのが一番ですが、妻の成長に夫の成長が追いつかなければ、やがて夫は妻に軽蔑されるようになります。

これからあなたが夫にどんな態度をとるかは、あなたが夫を愛しているかどうかによります。夫に成長してほしいと思っているか、どうか。夫にもあなたにふさわしく成長してほしいと思っていれば、たとえ家の中に波風が立とうとも、「あなたのこういうところがイヤなの」とひとつひとつ伝えていかなければなりません。夫育ては子育てと同じ。忍耐と寛容が大切です。それだって愛あればこそ。

もし愛がなければ、これまでの男よ、と見切って、少々うるさいけれど教師ロボットが一台家の中にいる、と観念してください。その代わり、わかりあいたいとか愛されたいとか人間的なコミュニケーションは期待しないこと。相手があなたを対等な人間扱いしないなら、あなたの方も人間だと思わなければガマンできます。職業がつくったキャラクターを演じ続けるなんて、あわれな男よのお……という憐憫《れんびん》も愛情の一種ですが。

いずれ危機が来るとしたら、この愛にも賞味期限があるということ。教えても教育しがいがなかったら、あるいは憐憫や同情にもガマンの限界が来たら、つまりあなたの愛にふさわしくない男だとあなたが見切りをつける時が来たら……あなたのこれからの人生のQOLを高めるためには、家庭内ストレス源を絶つことも選択肢のひとつかもしれません。夫がやっている行為はあなたの自尊感情を損なうモラハラの一種。あなたの自尊感情を救い出すためには、そんな環境に耐える必要はすこしもありません。

23 学究肌だった夫はダメ夫？

相談者　女性　六十六歳

六十六歳の女性です。

以前、この欄で「常にえらそうに物言う教師の夫」という相談と回答を拝読しました。

私の夫は、いわゆる一流国立大学の博士課程を出て、大学教授をしております。「学究肌の人」にひかれて、その頃大学院生だった彼と、二十三歳だった私は結婚しました。しかし、現在六十代半ばを過ぎて、これは大きな間違いだったのではないか、と思うときがあります。

まず大酒飲みだということです。旅行好きでよく一緒に出かけるのですが、いつも荷物がとてつもなく多いのです。ツアー旅行のときなど、いつもチビチビと酒を飲んでいるので、他のツアー客の人たちに「あの人は酒好きだ」と知られてしまい、「荷物が多いのはお酒がいっぱいつまっているからよ」などと言われてしまいます。

まわりの大学教授たちもほとんど「飲んべえ」です。ふだんまじめそうなのに、お酒を飲んで「⁉」と私が目が回りそうなことを言ったこともあります。

また、ある先生の奥さんが言うには「主人はATMでお金もおろせないのです」。テレビや新聞でよく見る有名教授の奥さんは「気むずかしくて嫌になる」とこぼしていました。みんなではないと思いますが、「夫」としてはダメ人間が多いのでは。同業者だった上野先生に、今後の扱い方など、ご助言いただければさいわいです。

回答

自分の領分にこもってもらえば

そうですか。「学究肌」の夫を選ばれたんですか。「学究肌」ったあ、おタッキーってことよ。浮世離れしていて、社会性がなくて、専門バカで、変人の夫が通用してきたのは、学者の世界だからこそ。でも、それがあなたにはつごうよかったんでしょう？　妻に干渉してこないし、操るのは簡単だし、好きなようにさせておけば面倒がないし。

はい、たしかに教師や研究者や医者には、常識や社会性に乏しい「ダメ人間」の確率が高いようです。ですが、あなたはそれがよくて選んだのですから、最初からわかっておられたのでは？

「えらそうに物言う教師の夫」はたいがい中学や高校の教師。子ども相手だとつい相手をなめて、支配的な口調になりますが、大学生や大学院生を相手にしているとさすがにそうはいきません。

大学教授であることと大酒飲みであることには直接関係がありません。飲んで飲まれて変身するのは日頃鬱屈《うっくつ》がある証拠。大学教授って、ウラとオモテのある職業なんですかねえ。アルコール依存症なみの酒量なら、飲んでDVの傾向がありませんか？　酒と暴言、暴力はつきもの。それなら人格に問題あり、です。

あとは、反社会的なことをせず、学生へのセクハラで晩節を汚さず、あなたを殴ったり蹴ったりせず、おカネに細かくなく、退職金と年金を確保し、世事には疎いが機嫌よく過ごしてくれる夫なら、何の文句もありません。

二十三歳から四十三年間、そんな夫とつきあってきて「大酒飲み」以外にとくにご不満もなさそうなご様子。「六十代半ばをすぎて大きな間違いだったかも」と感じるのは、たぶん老後にはいって夫と過ごす時間が増えたからですね。今さらおタッキーな夫と理解しあおうと思うとしたら、そっちのほうが「大きな間違い」。「ATMでお金もおろせない」夫と同じように、夫の妻依存度は高いでしょうから、依存させたままにしておいたらいいじゃありませんか。わたしがいなきゃ、暮らせないでしょ、と。幸いに研究には定年がありません（研究分野によりますが）。専門書をあてがって、おタクらしく自分の領分に引きこもってもらいましょう。大学教授ならそこその年金をお持ちでしょうから、あまりに手がかかるようでしたら、老人ホームに入っていただきましょう。それぞれ個室に入って同じホームで暮らしておられるご夫婦が、見たところ、いちばんお幸せのようです。

24 介護しない元学者の父

相談者　女性　四十代

四十代の女性です。

私には認知症の祖母がいます。各特別養護老人ホームのウエーティングリストには何百人もいて自宅での介護を余儀なくされています。ここ一年で寝たきりになり、下の世話が加わったのみならず、夜中じゅう叫ぶことも多く、世話をしている母の体重は十キロも減ってしまいました。

父は退職後の今は一日中家にいて、自発的に介護や家事を手伝うことはせず、昔の映画を見ているかゴロゴロしています。

父は以前大学教授で、女性の歴史や差別などに関しての本も書いていましたが、当時から家事はもとより、電球を換えたり、庭の水やりをしたりさえしない無精者でした。

理屈ばかりの机上の論理で研究者ぶる父が許せなく、バトルを挑んだこともありましたが、「これは分業だ。自分は外で働くので家事はやらないのだ」とヌケヌケと言っていたのが忘れられません。

しかし退職した今になっても、労働を母のみに任せ、介護や介護施設の情報収集さえしない父を許せません。私は毎日仕事で遅いので土日しか母の手伝いはできません。もう老人になったとはいえ、何とか今からでも父を生活の労働に参加させる手はないでしょうか。ちなみに母はもう諦めてしまっており、両親の仲もとりたてて悪いわけでもありません。

回答　貨幣で対価を要求する手も

いるんですよ、こういう手合いが。タテマエは立派なのに、実態はお粗末。口先だけ達者でカラダの動かない男が。とりわけ文系男に多そうですが。

夫をぐうたらに仕立て上げたのは妻であって、娘のあなたではありません。半世紀近く横柄な夫に仕えてきた妻との関係は、今さら娘には変えられないでしょう。カエサルのものはカエサルに。夫婦の問題は夫婦に。それを目の前で見ているのがイヤなら、あなたが家を出ることです。はい、これで回答は終わりです。

祖母というのは父の母ですか、母の母ですか。それで状況が違ってきます。母方なら母に負い目があって夫に協力を頼むのが難しいでしょう。が、夫の母なら違ってきます。「あんたの親でしょ」という捨てぜりふが効くからです。特に説明がないので、夫の母であることを前提にして、それなら介護を分担してもらいましょう。

当番制を敷いてはどうでしょう？　何曜日の何時から何時までは誰、と決めて、その間当番でない人は外出するのです。そうすれば認知症の祖母と家でゴロゴロしている父とが取り残されます。こういう実力行使が一番。出かけるときに、「おばあちゃんに何かあったら、お父さんに賠償請求が来るからね」と釘をさしておきましょう。

労働で支払う気がないなら貨幣で対価を要求すること。

祖母の年金は母がもらう、父からも対価を支払ってもらう。極めつきは祖母と母に養子縁組してもらって遺産相続人になる。そのくらいの手続きは制度を学べばあなたにもできるでしょう。そして介護保険を使いまくって他人に入っていただきましょう。祖母の財産を生前に使いこんでもよいくらいの気持ちで。

あとはつねひごろ、両親の聞こえるところでこう言い続けることです。「お母さん、よくやるね。その報いはきっと将来返ってくるよ。でも、なあ～んにもしないお父さんの面倒は、誰にも看《み》てもらえないだろうね。あたしだってまっぴらごめんだから」って。後悔しても遅いですから。

「両親の仲はとりわけ悪いわけではない」とあなたは書いていますが、それも妻が忍従して波風を立てないからこそ。「夫を諦めた妻」の夫婦関係はとっくにこわれています。それを見てきたから、おそらくあなたは結婚しなかったのではありませんか？　そうであったならば、あなたの次なる課題は家族から自立することです。

第4章　夫婦は永遠の謎

25 妻が無断でチワワを家に

相談者　公務員　四十九歳

四十九歳の公務員です。

妻と犬を飼う、飼わないで離婚話にまでなっていることについて、上野千鶴子先生に相談です。

私が勤めから帰宅したある日、家に突然、チワワがいました。妻が私に無断で買ってきたのです。

結婚二十年近くも経《た》って、価値観の違いは多々あれど、犬猫が好きでないという点は一致していたはずで、子どもも三人いるのに、亭主に一言の相談もなく家の中にそんな生き物を持ちこむとは、言語道断です。

私は激怒し、原状回復のため犬をペットショップに強制送還しようとしたところ、「返すなら離婚」と言い出しました。

「どうして犬一匹のことで離婚になるのか」

「犬一匹の問題ではない」

と深い話になりそうになり、たじろぎました。

するると、敵は独走態勢に入り、勝手にチワワを三匹に増やし、「そんなに私と離婚したくないのか」と完全勝利宣言をしました。

亭主の沽券《こけん》にかかわるので、犬には指一本触れてはおらず、散歩など絶対つきあってはいませんが、近づくとえさを欲しがるので、ドッグフードを一粒ずつはやっています。

離婚話に発展しないようにしつつ、亭主の威厳を回復するには、私はどうしたらいいのでしょうか。

回答 犬を手なずけてみたらどう？

のっけからなンですが、どうやらたかが「犬一匹の問題」ではなさそうですね。結婚生活の過程でたまりにたまった「深い話」、あなたにとっては「不快な話」に、そろそろ向き合わなければならない前哨《ぜんしょう》戦のようです。

結婚二十年、三人の子どもたちも手を離れるころでしょう。夫婦ふたりで向き合わざるをえない「空の巣」期がすぐそばまで来ています。犬を飼うのは子育ての代償。妻の職業が書いてありませんが、たぶん子育てに専念してこられたのでは。三人の子どもの代替が三匹のチワワ。手間も教育費もかかりませんし、ぐれたり不登校になったりする心配もありませんから、かわいいものです。安定した公務員という職業に就き、家では「亭主の沽券」とやらを守ってきたらしい夫に仕えて、妻は死ぬほど退屈しているかも。その無聊《ぶりょう》をなぐさめて、夫婦関係を平和に保つためなら、むしろあなたの方から犬の一匹や二匹、進呈してもよいくらいです。

子どもが育ちあがれば夫婦は仕切り直しの時。目下妻は老後へ向けて、家庭内の版図をじわじわと拡張中。夫に無断で犬を買ってきたのはその第一歩。「わたしはあなたの思うようにはならないよ」というデモンストレーションです。妻の「勝利宣言」はこの程度で収まる気配はありません。ここで一歩退いたあなたは、これから先も次第に譲歩を余儀なくされるでしょう。

こんなことぐらい、聡明《そうめい》なあなたは先刻お見通しですよね。その「不快な現実」に直面するのがイヤで、犬をめぐる夫婦喧嘩《げんか》に話を矮小化《わいしょう》しているだけです。「上野さんに言われなくても、そんなことわかってる」って、ぶつぶつ言うあなたの声が聞こえてきそうです（笑）。

「離婚したくない」あなた、つまり妻なしではこの先の老後を生きていけそうもないと自覚しているあなたは、白旗を掲げる以外にありません。ですが、少々は亭主としてカッコもつけたいなら、犬を味方につけましょう。群れて生きるのが習性の犬は、もともと上下関係に弱い哀《かな》しい生き物。家族の中の序列をただちに見抜き、その中で一番の権力者に従います。犬を手なずけて「どうだ、オレの言うことをきくだろう」と自慢しましょう。でも、もし家族の中のほんとうの権力者が妻の方だと犬が見抜いたら、その時こそ白旗を三本くらい掲げて、ムダな抵抗はしないことですね。老後の平和のためです。

26 夫が「女性になりたい」願望

相談者　パート勤務　四十代

四十代の主婦です。パート勤務をしており結婚歴約二十年です。

自営業の夫とはさっぱりとした間柄で、趣味や価値観も近く、友達感覚でそれなりに楽しく二十年間一緒に過ごしてきたつもりでした。成人した息子も独り立ちしていて、夫婦二人での生活です。収入は二人合わせてもサラリーマンの平均月収の半分くらいですが、細々とどうにかやっていけてます。

二年くらい前に、夫が女性ホルモン剤を服用していることを知りました。私が知ってることを本人は知りません。全身の脱毛もしたようで、髪形も長髪になり、服装は男性のものです。

薬の副作用なのか、軽いうつになり、心療内科に通っていることも最近知り、そのために仕事も減り、収入も厳しくなりました。しかし、夫は何一つ私には話してくれていません。

真相は不明で、私の思い込みがあるかもしれませんが、夫に聞きたくても、真実が怖くて聞けません。夫婦生活はお互い淡泊でしたので、今更何を求めればよいのかもわかりません。もし、夫がカミングアウトした場合、受け入れられる自信がありません。これは心が狭く、差別的でいけないことでしょうか?

離婚は今は考えてませんが、今後お互い生活しづらくなったら考えるかもしれません。世間の目も気になります。もっと自分が寛容でポジティブな人間になれたらと悶々《もんもん》としています。

回答　すべてを分かち合わなくても

子どもを育て上げた四十代のカップル。二十年以上「友達感覚」で過ごしてきたなんて、そのへんの不和の絶えない夫婦と比べると、羨望《せんぼう》の的ですね。「夫婦生活が淡泊」って、早い話がセックスレスですか。それでも仲良く暮らせているなら何より。セックスが夫婦の絆とは限りません。

その夫が女性化しつつあるんですって？　女性ホルモンで身体改造中？　きっとお肌がすべすべして、髪の毛もふさふさして、年齢には見えないでしょうねえ。どんどんはげて、おなかも出てくるオッサン体形に比べたら、まし、じゃないでしょうか。

あなたは「真実」が知りたいのですね？　「真実」って何でしょう。「実はゲイなんだ」「ほんとはトランスジェンダーで女になりたいんだ」って？　夫にだって何が「真実」なのか、わかっているとは限りません。これまで夫婦関係を維持し、息子を作り、男装し、社会生活をしてきたのですから、本人にそれを継続するつもりがあるなら、よく理解できない趣味の世界に耽《ふけ》っていると思えば。これまでだって夫の「真実」を何もかも追求してきたわけではないでしょう？　たとえ同居していても他人の「真実」なんてわからないもの。それより、「悩んでいるならわたしに打ち明けてちょうだい、水くさい」とお思いなんでしょうか。心療内科に通うのは妻には言えない、言いたくないからこそ。何から何まで分かち合う秘密の無い関係を作りたいと、これまでだって思ってきたわけでもなさそうですし、妻に言えない悩みはそっとしておいてあげたらいいでしょう。

長年暮らした夫婦の理想型のひとつは、お互いにとって親しい友人になること。それにこの先の老後には「茶飲み友達」の楽しみが待っています。老夫が実は「女友達」だった、なんて、すてきじゃありませんか。わたしは男友達と親しく話していて、あまりに話が合うので、「なあんだ、わたしたちって、おんなじジェンダーだったのね」と気がつくことがままあります。男でも女でもどちらでもけっこう。相手の外見や身体が変化しても、あなたとの関係が変わらなければＯＫ。夫が言わないのはあなたとの関係を変えたくないからでしょう。なじんだ相手と、ストレスのない暮らしを機嫌よく過ごせたら、それ以上の老後の幸せはありません。長年連れ添った配偶者の存在意義はそれ。そんな貴重な存在を手放すに及びません。

27 体求める八十八歳の夫に対し

相談者　妻　七十九歳

毎回「悩みのるつぼ」を拝見して驚いたり、感心したりしております。さて私もまた、人にも話せないような恥ずかしい悩みがあります。

私七十九歳、主人八十八歳。

主人は四年前の脳梗塞《こうそく》で体が動かず、現在施設に入って車イス生活です。耳は遠く、目もあまり見えていない状態です。

私はとてもかわいそうに思い、できるだけ主人に会いに行くよう努めておりますが、私も年には勝てません。それでも、ときどき外泊させ、家に帰すようにしております。

とてもお恥ずかしいことですが、主人は性欲だけはあるのか「お願いだから見せてくれ」とか「触らせてくれ」とかいうのです。そういう主人は、私は嫌いです。

「だめ」の一言で反抗します。手を伸ばすので手を打ってやります。これって虐待ですよね。そう反省するけど腹が立ちます。

本人は「女房だからいいだろう。ずっとやってない」と申します。私はできる介護はいたします。やっているつもりです。でも、性のことはもう卒業だと思っています。

妻である以上、これではいけないのでしょうか。

上野先生に良いご回答をおうかがいしたいと下手な字でペンをとりました。

回答　「イヤ」ときっぱり言ったうえで

そのくらい、見せてあげたら？　減るもんじゃなし……と言いかけて、やめました。「性はもう卒業」ってありますが、その前から、夫に触られるのもセックスするのも、きっとあなたはイヤなんですね。イヤなことはイヤってきっぱり言いましょう。無理強いしたら、たとえ夫婦のあいだでもセクハラになります。「だめ」ときっちり言えるあなたはりっぱです。ま、叩《たた》くことまではないと思いますが。

そもそも女性器とか女性のボディーのパーツとかに反応してむらむらし、女性のカラダを性欲の処理道具としか見なさない男性のセックス観が野蛮ですね。妻だって、夫の性の道具ではありません。あなたの夫にとってセックスとは、妻とスキンシップをして心身共にいつくしみあう行為ではないのでしょう。あなたはそれが――ずっと以前から――イヤだったんでしょうね。

それなら橋下徹大阪市長（当時）のオススメのように「風俗を活用」してもらう手もあります。最近では風俗のお得意さまに高齢者が増えているそうですし。とはいえ、こんな「活用」をおすすめしては、妻の貞操を守るために他の女性を犠牲にする「慰安婦」を活用するようなもの。これでは他の女性の人権侵害になります。それにしても、こういうときにいちいち「大阪市長が」、と言われる大阪市民の方たちも、さぞかしハタ迷惑でしょうねえ。

かわいそうったあ、愛の一部よ……夫を哀れとおぼしめすなら、麻痺《まひ》のある夫には、パソコンを一台あてがいましょう。ネットの世界にはそれ系の画像や動画がごまんとあります。多少は不快でしょうが、まあ、実害はありません。もともとあなたは夫をあまり尊敬しておられないようですから、もとから尊敬できない夫に、もうひとつ尊敬できない趣味が加わっただけ。たいした変化ではありません。

それにしても、七十九歳にしてようやく夫と円満別居できてよかったですねえ。これまで半世紀近い期間を、どんなに耐えてこられたのでしょうか。これも夫が施設に入ってくれたからこそ。それも介護保険ができたからこそ。惻隠《そくいん》の情から外泊をさせておられるなら、「そんなことを言うと、これからお家に連れて帰りませんよ」とぴしゃりとおっしゃってはいかが？　セクハラ利用者さんのところには、ヘルパーさんだって来てくれませんから。

28 息子夫婦の仲が心配です

相談者　女性　六十代

四十歳の息子は結婚して十年、二児の父です。もう六十代の親が心配すべきではないのですが、相談させてください。

人並みに仕事をし、そこで出会った女性と結婚。保育園の送迎などしながら共稼ぎです。何も言うことがないほど、幸せでしたが、最近、夫婦で別れ話が出始めています。

単なる夫婦喧嘩と無視できないのは、息子の性格を案じているからです。そんな性格にしたのは、親の責任と、感じるから、無視できないのです。

息子は人づきあいが苦手で、友達もほとんどいない。年賀状すら書いたことがない。対人過敏、親子で接する近所づきあいを拒否したり、親戚の集まりにも来なかったり。その場合、「ごめん、人と交わるのが苦手で」と言って妻子だけ、笑顔で送り出せばいいのにそれができない。周りを不機嫌にしてしまう。気難しいところがある。お嫁さんとして、どんなにつらいか、切ないです。

一度は好きになってくれたお嫁さんの笑顔が消えてしまいそうで、申し訳ない気持ちでいっぱいなのです。

私が事実として受け止め、息子夫婦にしてやれることは何もないのでしょうか。これを他人が言ったら、「四十過ぎた子どものこと、ほうっておきなさい」と私は言うでしょう。無理な相談と承知しておりますが、助言いただけたらと思います。

回答

四十歳過ぎた息子に親の責任なし

　まずもって親としてのあなたの聡明さと想像力の豊かさに敬意を表します。子どもの夫婦関係がうまくいかない場合、多くの親は（とりわけ息子の母親は）配偶者が悪いと責めがちなものですが、あなたは嫁にも非があるといわないばかりか、ひたすら息子の欠点を指摘しています。こんなに思いやりのある親御さんから、なぜ自己チューで他人の機嫌を損ねる息子さんが育ったかは謎ですが、もしかしたら長男大事と尽くしてお育てになったか、ひたすら夫に奉仕する母を見て、男はそんなものだと思って大きくなったのか……。

　こんな息子さんの性格は、妻になる女性にも結婚前にわかっていたはず。結婚後に豹変《ひょうへん》したとは思えません。子どもをふたりつくるあいだにも相手の性格は理解できるでしょう。だとしたら妻が予想した以上に度が過ぎたのか、よほど腹に据えかねることがあったのか。それとも親には言わないけれど、夫婦のあいだに何事かあったのか。

離婚の原因はどちらか一方にだけあるとは限りません。親に相談しない、できない事情があるかも。四十歳過ぎた息子のふるまいや性格に親は責任を感じる必要はありません。三十歳過ぎた息子の犯罪に親に責任がないのも、みのもんたさんの言うとおり。「人並みに仕事をし、結婚し、二児の父になった」ところまで育ててあげたことで、あなたの責任は終わっています。

「ほうっておきなさい」という回答をすでに予期しておられるほど聡明なあなたに言うべきことは特にありませんが、息子と息子の妻に（別々に）、心から心配している、何か自分にできることはないか、と率直に申し出てみてはいかが？　それも功を奏さなかったら、ひとつだけアドバイスがあります。もし息子が離婚しても決して実家に迎えいれないことです。もういちど「息子の母」に戻りたいという誘惑を退けましょう。妻や子どもと別れて生きる選択を引き受けた息子には、その覚悟をもってその後の人生を歩んでもらいましょう。息子には養育費を払うなどの父としての責任がかかってきます。あなたなら孫とその母との関係を上手に維持できるでしょう。祖母でなくなるわけではありませんから。

離婚の後始末を親が引き受ける理由はありません。あなたたちご夫婦と息子さん自身の、老後の平穏のためです。そして「嫁の介護」が期待できなくなった老後にそなえましょう。

29 姉の不倫相手の子どもがふびん

相談者　女性　二十一歳

二十一歳の女性です。

姉が、配偶者と子どものいる人とつきあっています。

私の父は、私が中学生のころに不倫をしていました。母には知られていたのですが離婚はせず、しばらく家の中は険悪な空気でした。三人の姉妹でそれに気づいていたのが私だけで、雰囲気を変えるために明るく振る舞うのも母に当たられるのも私一人……という経験がつらく、秘密にできない、けじめのない不倫がとても嫌いです。

きちんとケアされた不倫ならまだしも、相手男性の車に姉は乗ってしまっているし、姉の話では奥さんは関係に感づいているようです。

そんな脇の甘いことをしているようならと、別れるか、相手に別れてもらってからつきあうかにしてくれと姉に話したら、泣いて別れ話をすると応じてくれたのですが、ひと月もしないうちに復活したようでショックを受けています。

私は、相手方の夫婦関係にはもちろん、姉の恋愛関係にも口を出すつもりはないのですが、過去の自分と同じ立場の子どもの存在が気になって仕方がないのです。どうにか子どもを助ける手だてはないのでしょうか。

自分の両親と和解するしかないのでしょうか。母に当たられたのが私だけだったことで姉を恨んでいるだけなのでしょうか。不倫がばれないようサポートするべきなのでしょうか。

回答　あなたのこれからが心配です

「姉の恋愛関係に口を出すつもりのない」あなた。実はとっくに「口を出して」しまっていますね。「別れるか、それとも相手に別れてもらってからつきあうか」と迫ることで。つまりあなたは不倫が許せない、のです。自分のも、自分以外の人のも。なぜなら、あなた自身が「不倫する父の娘」だったから。そのために不幸だったから。

「きちんとケアされた不倫」ってねえ。あるんでしょうか。「略奪愛」のように結婚をゴールにする婚外恋愛以外は、ゴールのない不倫は大人のゲームです。周囲の人間関係に一切影響せず、生涯にわたって「特定秘密」を解除しない「けじめのある不倫」をゲームとして楽しめるほどクールな「大人」が、この世にそれほどいるとは思えません。妻に感づかれているのは、妻をあなどっているか、感づかれてもよいと開き直っているからですし、その程度には夫婦関係が壊れているからです。夫婦関係が「険悪」なのは、不倫がばれたせいなのか、それとも険悪だから不倫したのか。どちらが原因か結果かはわかりません。夫の不倫を知っても別れない妻は、愛情があるからか、たんなる執着やプライドからなのかもわかりません。不倫をやめたからといって、両親の夫婦仲が回復したとも思えません。世の中には壊れた方がよい結婚もあります。

あなたの不幸は、父が不倫したことにではなく、夫婦関係の破綻《はたん》した両親のもとで、家族の綻《ほころ》びをとりつくろうことに腐心した、孤独でせつない少女時代を過ごしたことにあります。不倫する姉を見ると、そのときのちっぽけな少女が思い浮かぶのでしょう。

妻も知っていた、夫＝父の不倫を、三姉妹のうちあなたしか感づいていなかったとは思えません。「不倫する父の娘」のひとりだった姉は「不倫する男の愛人」になり、父は「不倫する娘の父」になりました。両親は姉の恋愛をどう見ているのでしょうね。

あなたは「両親を許す」必要もありませんし、「姉をサポートする」必要もありません。それより結婚生活のルール違反を身近に見てきたあなたのこれからが心配です。夫婦にも結婚にも期待が持てなくなっていませんか？　そのせいで恋愛に踏み出せないとしたら不幸です。不倫は苦い果実ですが、そこから味わう蜜もあります。もしかしたら潔癖なあなたより、「脇の甘い」姉の方が豊かな経験を味わっているかもしれませんよ。

30 オスは種付けだけ？と娘

相談者　男性　五十歳

五十歳の男性です。中学一年生の娘に関しての相談です。

NHKのBS放送で、「ワイルドライフ」という番組があります。大自然の中に生きている、さまざまな動物の生態を、長期取材で、美しい映像で見せる番組です。

妻と娘がこの番組が大好きで、毎週欠かさず、必ず見ているのです。

番組には毎週、いろいろな場所で生きる生物が出てくるのですが、どれもこれも、登場するオスといったら、十中八、九、「種付け」のことしか考えていないものばかりです

種付けのためなら、メスが必死に育てている子どもを踏み殺したり、つぶした

りしても構わないといった有り様なのです。時にはメスは子どもを守ろうと、近寄ってくるオスにキバをむいたりしています。

こういったシーンがしょっちゅう放映されているので、それを見ながら娘は、「またあ……。オスって」

とあきれるばかりです。

まだ、初恋の味さえ知らないはずなのに、このままでは将来男嫌いになりはしないか、と心配する今日このごろです。

妻にこのことを相談したところ、「それなら上野先生に相談してみたら」とにこやかに言われましたので、筆をとった次第であります。

ご教示いただければ、さいわいです。

回答　人間のオスのふるまいは個性的

ＴＶをめったに見ないわたしが唯一好きで見るのが自然もの。自然界の厳しさ、動物のけなげさ、映像の美しさ……わたしも大好きです。そのわたしをご指名のご質問とは。わたしが同好者だとご存じだったからか、それとも「オス」に詳しいとお考えになったからでしょうか？

動物は生殖のために生きているようなもの。その証拠にほとんどの動物は生殖の役割を終えると死に至ります。生誕と生殖と死。ほんとうに動物の世界はシンプルで厳粛です。人間は生殖を終えてもジイサン・バアサンになって生き延びて知恵を伝えます。それが動物と人間の違い。どこの都知事さんだか、生殖を終えたあとにバアサンが生きているのはムダで罪だ、と言った人がいましたっけね。

そこで少しでも遺伝子を残そうとするのがオス。娘さんがあきれるように、ほんっとに「オスって」しようがないものです。性欲に、おっと遺伝子に支配されてるんですから。

ですが、心配しないでください。人間と動物とは違います。人間にはタテマエとホンネがありますが、動物にはホンネしかありません。その際、オスのホンネのボトムラインを知っておくことはたいへん役に立ちます。動物のオスとちがって、人間のオスはホンネをタテマエで粉飾します。そのホンネを見抜くことができるようになるだけでなく、タテマエとホンネのあいだのギャップに煩悶《はんもん》するさまを見るのも興がわきますし、まれにはタテマエがホンネを圧するのも感動的です。人間のオスのふるまいは個性的で、楽しみ方はいろいろです。

わたしなぞ「オスってこの程度のもん」と思っていますから、そのせいでよいことばかりがあります。期待値がいちじるしく低いために、たいがいの男のなかに期待した以上の美質を見いだすので、男に対して寛容になる傾向があります。異性とよい関係をつくるには、お互い相手に対して妄想を持たないほうがよいですから、あなたの娘さんはＴＶを見ながら期せずして性教育を受けておられることになりますね。とはいえ、恋をしたら、理性はふっとぶ、のもたしかですが。

いちばん大事なのはＴＶの画面より、娘さんの目の前にいるあなたたちご夫婦の関係。それこそが生きた性教育です。こんな質問を「にこやかに」あなたに勧める妻との関係は、きっとすてきでしょうね。

31 アルコールで死んだ夫への思い

相談者　看護師　四十代

四十代の看護師の女性です。

夫がアルコール依存症で七年の闘病の末、亡くなりました。中高生の子どもが二人います。

ここ数年はいろいろと飲酒による問題をおこすため、夫の実家で生活してもらっており、先日、電話で「亡くなった」と連絡をもらいました。アルコールによる消化管出血でした。

給与所得がある私が、夫を扶養して生命保険料も払い続けていました。夫は治療に何度も失敗し、いずれは私が世話をしないといけないと考え、少しでも貯蓄、と思っていました。気の毒で離婚できませんでした。

死の前に、夫から「からだがしんどい」「ほんとにありがとう」とメールが来たのですが、弱音の多い人なので放置していたところの訃報《ふほう》でした。いざ夫が亡くなると、死亡保険金が入り、遺族年金が出るなど経済的な恩恵がものすごく大きいことがわかりました。ただ、生前には、神に誓って「死んでほしい」と思ったことはありません。私より先には逝ってほしいとは思っていましたが。

仕事に家事に、夫の起こす問題に、と激務の毎日、優しい言葉はかけられませんでした。経済的には面倒をみようと決めていましたが、とにかく治ってほしかった。もう一度、ふつうに暮らしたかった。命にかわって、こんな大きなお金になってしまって……生きていてほしかったと涙がとまりません。

回答　それでも愛した母を子は誇るはず

世の中には「後妻業」で多額の保険金を手に入れる人もいるのに、あなたは夫の死亡で経済的恩恵を受けたことで、気が咎《とが》めているのですね。まるで高額なお金のために夫の死をのぞんだように思えてしまって……。

治癒の見通しのないアルコール依存症者は廃人になるのみ。その夫を生涯抱えて見捨てずに世話していく覚悟だったあなたにとって、夫はすでに失えない「家族」だったのですね。別居したのは賢明だったと思います。距離を置いたからこそ、やさしい気持ちにもなれたのでしょうし。もし顔をつきあわせていたら、とうてい許す気持ちにはなれなかったでしょう。

「治ってほしかった。もう一度、ふつうに暮らしたかった」は亡くなったからこそ言える繰り言。何度もなんども試みて、それが無理だとあなたにはわかっていたのでしょう？　その気持ちは夫にも伝わっていたはず。だからこそ、「ありがとう」のメールが届いたのでしょう。

保険金の負担も、つつましい暮らしも、すべてあなたが背負ってきたもの。死んだ夫からのあなたへのプレゼントだと思いましょう。「ボクにできるのはこれだけなんだ、ごめんね」という天国からの夫の声が聞こえてきそうです。お金はいくらあっても困りません。これから先、子どもたちの教育費もかかりますし、遺《のこ》された夫の両親の老後も気がかりです。責任感の強そうなあなたは、たぶん夫の両親を見放すことなんてできないでしょうし。

それより何より、「気の毒で離婚できなかった」「もう少し生きていてほしかった」と「涙のとまらない」あなたの夫への愛情とやさしさこそが、息子に先だたれた老いた両親と父を失った子どもたちへの最大の贈り物。アルコール依存症の夫を持つ妻は、夫婦関係が破綻して、夫を恨んだり憎んだりするものですが、その憎悪が子どもたちに受け継がれないことが大切です。あなたの夫は子どもたちの父。つらい現実からアルコールに逃避することをやめられなかった気の弱い父を、それでも愛したしっかり者の母を、子どもたちは誇りに思うでしょう。それに男は強くなくてもよいし、女は自立して生きるには経済力があったほうがよい、という大切な教えを、あなた方ご夫婦は、身をもって子どもたちに伝えたことになります。夫の死とひきかえに得たお金は、そんな自分へのごほうびと思って、大切に使いましょう。

32
離婚して恋がしたい
相談者　女性　四十代

四十八歳女性、現在、離婚に向けて夫と別居しています。

詳細は省きますが、理由はお互いの浮気とか借金問題ではありません。

今、一番私が困っているのは「恋がしたい」ことです。優先順位からすると、離婚後の経済状況や、(成人していますが)子どもたちのことなど、考えなければならない問題は山積しています。離婚も成立していないし、分別もあるいい大人がバカじゃないかとも思います。しかし、私は「恋がしたい」のです。

とはいえ結婚はこりごりなので、婚活パーティーや相談所に行って結婚する気などさらさらありません。地域のサークルなどで知り合うのは、後々面倒なことになったら嫌なのでごめんです。仕事の休みの日に、少しおしゃれして食事をしたり、映画をみたり、小旅行に出かけたりするパートナーがほしいのです。

「レンタル恋人」の類は自分が惨めに思えるし、お金でそういう体験をしたくはありません。ただ、都合よくそんな既婚者でもない相手が見つかるとは思えず、残りの人生を恋愛もしないで過ごしていくことに絶望感を覚えます。

「話し相手なら女性の友達でもいいのでは」とも思いますが、異性の恋人がほしいのです。私の悩みを解決する方法はないでしょうか?

回答　「友達以上恋人未満」をキープ

四十代後半ですか。離婚準備中ですか。わざわざ「浮気や借金問題ではない」とお書きになるところを見ると、堪忍袋の緒が切れるような何か決定的な離婚原因があったわけではない、とおっしゃりたいのでしょうね。その分だけ、半世紀近く生きてきて、わたしの人生はいったい何だったんだろう、と不全感に悩んでいらっしゃることでしょう。

そこまではわかります。結婚はこりごり、再婚する気がないのも賢明です。が、その不全感をチャラにするのが、恋愛ですか。二十代のギャルからの質問じゃあるまいし、いい年齢の大人の女の悩みとは思えません。

恋愛ってしたことがないんですか。今の夫とは恋愛しないで結婚したんですか。恋愛が人生を変えるなんて、小娘のような妄想をまだ持っているんですか。

よく読むと、ほしいのは「休日におしゃれをして食事や映画に出かけ、小旅行する」程度の相手。これならつつましい望みです。そんなものを恋愛とカン違いしてはいけません。恋愛とはもっと自我に食い込む闘いです。欲望やエゴイズムなどがむき出しの、食ったり食われたりの関係を、今になって味わいたいですか？

何でも経験したことのないことは美しく見えるもの。まだアラウンド50ならエネルギーもあり余っているでしょうから、傷ついても立ち直れます。やりたいことをやって思い遺しのない人生を送りたいのなら、どうぞお好きに。ただし愛も恋も、自分から動かない限り、待っていては始まりません。今まで誰かを本気で愛したことはありますか？

そんな恋愛で何もかも人生をリセットしたいという妄想を抱いているのでなければ、この程度のつつましい望みは、いくらでもかなえたらいいでしょう。友達以上恋人未満の異性をキープしておくことぐらい簡単です。え、どうすればいいですかって？　自分から誘えばいいんです。断られてもめげずに、あるいは断られたら次、また次と声をかければ。おつきあいしたければまめでなくては。その点、もてる男性はほんとにまめですね。

再婚する気がないのなら、未婚の男性に限る必要もないでしょう。かえって既婚男性の方が、ナンバー2以下でいられて安心です。その場合は、妻の悪口を言わない男性を選ぶのが秘訣《ひけつ》です。恋に恋する年齢はとっくに過ぎているのだから、妄想に浸っているヒマがあったら行動に移すことですね。

第5章　人づきあいって、むずかしい

33 年下の嫌な上司の対処法は？

相談者　女性　四十七歳

四十七歳の女性です。

仕事先の上司についてです。虫の居所が悪いときなどになぜこんなことで？というくらい、何でもない件で急に厳しい言い方をします。仕事上の会話の中で起こることなので、なるべく感情的にならないように言葉を選んでやり取りを進めようとしますが、そうなると結局相手に従うか、それ以上不明な点については聞きこめなくなり、自分で考えて仕事を進めています。

でもその上司は、その後は何もなかったかのような態度で接してきます。本当に腹が立って仕方がありません。こちらがどんな嫌な気分なのか、に想像が及ばないようなのです。

もちろんその上司には、私の仕事のミスをフォローしてもらうこともあり、お世話になっている気持ちは十分にあるのですが、どうしても厳しい言葉に心が傷つきます。「思ったことをそのまま口に出してしまう人だから、悪気は全くないんだ」と考え、納得できているときもありますが、それっておかしいと思うのです。そういう性分の人だからといって、人を傷つけっぱなしでいいわけがないと思うのです。

上司は私より一回り以上も年下の独身男性です。私は独身ですが、まるでお母さんに接するようでイライラしてワザと厳しい言葉を投げてくるのかもしれませんが、何かうまく対処する方法、または気持ちの持ち方があるでしょうか。

回答　仲間つくり「困った事例」を記録して

お祭しもうしあげます、宮仕えのつらさはイヤな上司のもとで働くこと。組織から離れると、このストレスがなくなります。その上司が一回り以上年下というのは、あなたと採用区分が違うのでしょうか。総合職と一般職、正規と非正規とか。能力に差があるわけではないでしょうに、これまでも処遇の差に、言うに言われぬくやしい思いをしてこられたことでしょうね。

とはいえ、あなたひとりを対象にしたイジメとは違うようですね。個人に対するパワハラでなくても、職場における環境型パワハラと言えるでしょう。たぶん部下への配慮が行き届かない未熟な若者で、誰に対しても同様にふるまうのでしょう。となればそれは彼のキャラということになりますが、そのキャラが職場の雰囲気を壊し、働く人の意欲を損なっているとしたら、管理職としては問題あり、です。いくら上司だからって、いくら部下に落ち度があるからって、言っていいことと悪いことがあります。人格無視や人権侵害の発言をしないよう、口のきき方に気をつけてもらわなくっちゃね。

あなたにできることがあります。同じ上司のもとで働いている人たちとまず話し合ってください。たぶん同じような経験をしているはずです。次にできるだけ多くの「困った事例」を正確に記録するようにしてください。何月何日何時にどういう状況で誰に対してどういう口をきいたか。場合によっては録音してもいいでしょう。それがある程度集まったら、仲間と一緒に会社の人事にそのデータを持って行きましょう。決してひとりで行ってはいけません。仲間をつくり、孤立しないように。ひとりだと「思い込み」だの「被害妄想」だのと言われます。

会社にはかならず異動があります。人事はことを荒立てずに異動を早めてくれるかもしれませんし、その上司の管理職としての評価は下がるでしょう。当然です。権力者だからといって横暴であっていいわけはないのですから。「このままではモラルが低下し、会社にマイナスです」と訴えてください。わたしたち大学教師も、学生たちから査定評価を受けていました。セクハラやパワハラ事案は、初期のころは訴えた人を孤立させ退職に追いこんだものですが、最近では加害者を守るより加害者を早めに切る方が、組織にとってリスク管理になるという常識が定着しつつあります。会社にも学んでもらいましょう。

34　子持ち同僚の無神経さに嫌気

相談者　会社員女性　四十歳

私は、結婚し仕事を続けている四十歳の女性です。

子どもがほしくて不妊治療を続けてきましたが体調を崩し、今年子どもをあきらめることになりました。私の会社は子どもを産んでも働き続けている女性がたくさんおり、同じ部署にも育児休業から復帰している女性がいます。私の悩みとはその女性のことと、子どものことです。

いつも自分の子どものことばかり仕事中に話していて、おまけに私に「子どもはつくらないいんですか？　早くつくったほうがいいですよ」と言ってきます。

私は子どもをあきらめざるを得なかったことを伝えたのにもかかわらず、再三言ってきます。今はその女性が自分の子どものことを話すのは、私へのあてつけのように聞こえてとても嫌です。

嫌な気持ちがいまや職場をやめたいという気持ちにまで発展しています。でも、子どもをあきらめなければならないつらさ、悲しさも、仕事があったからこそ立ち直れた部分があり、辞めたくない気持ちもあります。

また、子どもをつくれなかったことを夫に対し申し訳なく思っています。夫は「子どもはいなくたっていいじゃないか。夫婦ふたりで楽しもうよ」と言ってくれます。いつかは子どもができなかったことをふっきれるときがくるでしょうか。また、育児休業から復帰している彼女のことが気にならなくなるには、どうしたらいいのでしょうか。

回答

経験できる豊かさに目を向けて

うーむ、心ない同僚がいるからというだけの理由から、せっかく続けてきた仕事を辞めたいとは短慮です。セクハラとはいいませんが、この同僚の言動は一種の環境型ハラスメント。マタハラならぬ、子無しハラスメントですね。母になった女は天下をとった気分。その優越感を子無し女に向けます。子無し女は欠陥品扱い。同じく子無し女であるわたしも、これまでさまざまなハラスメントに遭ってきました（涙）。お察しもうしあげます。

ですが、この程度のハラスメントより職場の継続のほうがもっと大事。避け合う関係ができればいちばんいいのですが。いつか彼女も異動するでしょうし、あるいはあなたが異動を希望するか、それまでの辛抱。それが無理なら上司でもなく上下関係もなさそうですから、反撃に転じましょう。相手は相当「鈍感力」を持った御仁のようですからこちらも「鈍感力」を武器にしてもかまわないでしょう。

「職場で子どもの話はやめましょうね」「子どもができないって前にも言いませんでした？　覚えていないんですか」「これで同じことを言うのは五度目ですが」……など。多少職場がとげとげしくなるでしょうが、やられっぱなしのストレスよりはまし。

それより、いちいちこの女性の言葉に傷つくあなたは、「子どものいない人生」を今でも肯定的に受けとめきれていないのでしょうね。夫がせっかくそう言ってくれているのだから、気持ちを切り替えましょう。子は授かりもの。努力してもできることもできないこともあります。それにどんな子どもを授かるかも選べません。今はかわいい子どもだって、将来どんなトラブルを起こすかわかりませんし。その女性が子どもの話をうれしそうにするのは小さいうちだけ。一過性と心得てください。そのうちお受験やいじめだのお悩みだらけになったら、ぱたりと話さなくなるでしょう。

四十歳なら人生の折り返し点。体力も気力も下り坂に向かいます。これからの後半生を射程に入れて、子どものいない人生設計を真剣に考えてもよいころです。そのためにも仕事の継続は大事。四十歳で子どもを授かってそれからの二十年余りを子どもと共に過ごす人生も、それはそれで豊かだと思いますが、子どもがいなければいないで経験できる豊かさもあります。あなたに本当に必要なのは、同僚の女性対策よりも、そちらの覚悟です。

35　障害がある同僚との関係で

相談者　女性　二十代

二十代の女性です。私の仕事は内勤で、小さな事務所内で少人数で働いています。

障害者雇用で入った三十代の知的障害者の女性がいます。できないことが多いので彼女をサポートするように、と入社時に上司に言われ、フォローをそれとなく行ってきました。

しかし彼女は気分の浮き沈みが激しく、よく私がその標的にされます。例えば、こちらがたまたま仕事が立て込んでいたとき、お疲れ様ですと挨拶《あいさつ》をされました。私が忙しさのあまり小声で返事をすると、彼女はそれが気にさわり、上司に告げ口をして泣いて帰宅する、そうしたことが度々ありました。

それからはあまり気を使いすぎないように、付かず離れずで仕事面だけフォローできるように見守っていたところ、彼女は私に嫌われたと思ったらしく、また上司に告げ口をしました。

上司も私の悩みを聞いてくれるのですが、答えが出ないことだから、うまくつきあうしかないと私に言います。しかし私は納得できません。彼女は確かに障害がありますが、彼女が私の一挙一動で傷ついた、悪口を言われた、無視されたと告げ口をすれば、私も彼女と同じで不安になります。自分の気持ちにばかり敏感で、他人が傷つくことに対して鈍感な彼女。どのように彼女と関わっていくべきか、私の思いのやり場をどうすべきか、お助けください。

回答　同僚に取るべき態度は同じ

二〇一三年の改正障害者雇用促進法で障害者の法定雇用率が引き上げられ、事業所には二％程度の障害者を雇用する義務が発生しました。あなたのお悩みはたぶん他の職場にもあてはまる普遍性があると思いますから、お答えも他の障害や職場にも通用するような普遍性のあるものになれば、と願っています。

あなたのご質問、しょっぱなから「知的障害者の女性」という表現が気になりました。もしあなたが上司からそういう説明を受けていなかったら、どうなったでしょうね。

あなたのとる選択肢は二つあります。一つは同僚を「障害者」として扱うこと。もう一つは彼女をふつうの人として接すること。「仕事ができず、気分の浮き沈みの激しい」同僚を「障害者」だと思えば、仕方がないから遠巻きにしよう、私だけじゃなくてみんなに迷惑かけてるのだから、迷惑かけられた同士、理解しあってガマンしよう、これも法令遵守《じゅんしゅ》のため……となるでしょう。幸い上司も同じ対応で、職場はこの路線を歩んでいるようですね。

でも、あなたは怒りが収まらない。なぜって彼女をふつうの同僚と見なしているからです。もしそうなら職場の就労環境をよくするために同僚に対してとるべき態度は誰に対しても同じ。言うべきことを言い、説明の必要のあることは説明し、誤解を解き……私はあなたに敵意がないよ、とアピールするしかありません。挨拶の声が小さかったのは仕事に集中していたからだし、距離を置いたのは嫌ったからではない、と。知的障害も精神障害も認知障害も、感情障害ではないことがわかっています。それどころかこういう人たちは、相手が自分に対して好意的かそうでないかにとても敏感です。たぶん見回してみたら、同じ職場に彼女がなついている同僚もいるのではないでしょうか。

教師を長い間つとめてきたわたしは、偏差値の高い学生さんは騙《だま》しやすいのに対し、そうでない学生さんは騙しにくいと思ってきました。子どもと同じように、彼らは相手の言語的なメッセージにではなく、非言語的なメッセージに反応するからです。この人は自分に対して本気かどうか、と。

相手の目を見て、心をこめて、私はこう思ってるよ、あなたのこういうところに困ってるよ、と伝えてみてはどうでしょうか。誰が相手でも、それがコミュニケーションの基本のき、だとわたしは思います。

36 ケンカしたことがありません

相談者　女性　二十九歳

二十九歳の女性です。

私はこれまで人とケンカをしたことがありません。腹が立っても納得がいかなくても、自分の心の中で怒りを鎮めて終わります。周りからは穏やかな人だとよく言われますが、本心を見せていない自分のことを気持ち悪く感じている自分もいます。

親や兄弟とも、これまでおつきあいした男性とも、真っ向からぶつかることをしてきませんでした。そのため仲直りの仕方もよくわかりません。

しょっちゅう彼氏やダンナさんとケンカをしては、その度に仲直りを繰り返してケンカする前より愛を深めている友人たちを見て、うらやましいと思ったことも多々あります。

ただ、三十年近くこうして生きてきたので、いまさらケンカをしようものなら、周囲から「あの人はおかしくなった」と思われるのではないか、と恐れています。自分の問題点は、いつも周りからどう見られているかを気にしすぎてしまうことかもしれません。ケンカをしてこなかった理由も、すぐに怒る人と思われることへの恥ずかしさもあったと思います。

この先もこれまでと同じようにケンカをせず（とはいえ、心の中では不満を抱えて）おとなしく生きるべきか、それとも感情をあらわにして生きるべきか。真剣に悩んでおり、アドバイスをちょうだいしたく投稿させていただきました。

回答

ホンネトークの練習をしてみて

そうですか、三十年間、ケンカをせず、怒りを収めて周囲から「穏やかな人」と思われて過ごしてきたんですか。女性の平均寿命はおよそ九十歳。あと残りの六十年間を同じように過ごせたら、あなたは周囲から「聖人君子」と思われることでしょう、合掌。

そうはとうていできそうもない、と思われたから、ご相談くださったんですね。怒りや不平不満は、ため込んだら、カラダにも美容にも悪いです。周囲だってそれに気がついていないとは限りません。もしかしたら、あなたは周囲から「穏やかな人」ではなく、何を考えているかわからない「えたいの知れない人」と思われているかもしれませんよ。自分がキモチ悪く思っていることは、他人もキモチ悪く感じているはず。本心を見せないあなたは、他人からも本心をぶつけられることがないでしょう。そして結局、誰からも信頼されることがないでしょう。それでもよければ、一生お友達のいないおひとりさまで過ごすのもアリですが、そんな自信はありますか?

何かがおかしい、と感じている今が転機です。「周囲が気になる」のは、プライドが高すぎるか、自信がない証拠。実は同じコインのウラオモテですけれど。自分を防衛しているんですね。守るほどの自分もないと思えば、「恥ずかしさ」は捨てられます。これまで関わってきた相手に「変身」したことを知られるのがイヤなら、サークルやグループで新しい人間関係を作って、そこで変身してはいかが? 恥をかいてもいい人間関係を作って、少しずつホンネトークを練習してみてください。何事もオン・ザ・ジョブ・トレーニング。三十年使わなかった怒りのスキルは錆《さ》びついていますから、少しずつ学んでいきましょう。

ちなみに「怒る人」と思われているわたしは、そのせいでソンをしたことが一度もありません。イヤな男は避けて通ってくれるし、セクハラに遭う確率も低いです。「穏やかな人」はつけこまれやすい人でもありますよ。

今から感情表現のスキルを磨くには、失敗もあります。だからこそ失敗してもよい（いつでも避けられる）環境で練習しましょう。でも決して遅くありません。あなたはすでに怒りを抑える訓練はできているのですから、感情の解放と抑制、両方のコントロールができればいいだけ。自分のキモチを大切に、美容と健康によい人生を今後、送ってくださいますように。

37 いつも腹を立てている私

相談者　女性　六十一歳

六十一歳女性です。私はいつも、掃除をしていても、歩いていても、誰かに腹を立てており、自分でもうんざりしています。

例えば、ある友人に「愛犬が死んだとき、ペットロスにはならなかった」と言ったら、「息子さんのときもそうやった?」と聞かれました。二十年前に病気で死んだ息子のことを思うと、今でも泣きそうになります。その人は自分の次男が結婚し、遠い場所へ行き、改姓したことを嘆き悲しんでいたのに、と腹が立つのです。遠くに行くのと、亡くなるのとどっちがいい、と。

両親にも腹を立てています。二人とも子どもに対する愛情が希薄だったと思います。父は私が思春期のころ、胸をさわったり、お風呂をのぞいたりしました。

母は自分中心の人で、どちらもずっと嫌いでした。

不用意なことを言う友人とはもう会いません。母は亡くなり、九十一歳の父は独り暮らしでかなり弱り、仕方なく姉と交代で帰省し世話をしています。

もう会わない友人や、亡くなった母や、別人のように弱った父への昔の腹立ちを、繰り返し頭の中に再現する自分に疲れています。ほかにも、何度言っても同じ間違いをするボランティア仲間の人、車のアイドリングを長時間する近所の人にも腹が立ちます。あと二十年くらいの残りの人生を、もっと明るく穏やかに生きたいです。どうすればそうなれるでしょうか？

回答　怒りっぽいバアサンのままで

心ない友人に腹を立てるあなた。思春期の娘にセクハラまがいのふるまいをした父と自己中の母に、今でも腹を立てているあなた。腹を立てるのはもっともです。それだけの理由があるからです。

わたしなど毎日、新聞を読むたびに腹が立ちますし、ＴＶのニュースを見ても腹が立つことだらけです。腹を立てるべきときにはちゃんと腹を立てましょう。

あなたは腹を立てた相手に、その時その場でオトシマエをつけなかった悔いがあるのではありませんか。過去の怒りがよみがえるのはそのせいでしょう。死んだ親やもう会わない友人は今さら変えられませんから、自分の怒りの感情の帳尻を合わせようと思えば、おもいっきり「あのひと、大キライ！」と声に出して叫ぶのもよいでしょう。「王様の耳はロバの耳」よろしく、カウンセラー相手に、「両親がだいっきらい」と飽きるまで聴いてもらうのもよいでしょう。

そういうあなたのよい所は、怒りが外に向かい、あなた自身には向かわないこと。ということはあなたは、自己肯定感をちゃんと持っている人だということです。これが「何度も同じ間違いをくりかえすダメな私」、に対する怒りなら、救われません。

怒りは人を動かすエネルギーのひとつ。いつも怒っているあなたは、たぶんまわりからはエネルギッシュな人と思われていることでしょう。

エネルギーの素《もと》が、ポジティブな感情でなくネガティブな感情であることは悲しいですが、エネルギーはエネルギー。それがあなたの持ち味ですから、「穏やかに」生きようなんて、らしくないことは思わないことです。七十歳になっても八十歳になっても、電車のなかで脚を広げて二人ぶんの座席を占拠している若者がいれば目の前で怒り、解釈だけで憲法をねじまげようとしている姑息《こそく》な政治家がいればやはり怒りの声をあげ……怒りっぽくてうるさいバアサン、でいてください。怒りの感情はそのつど抑圧せずに表出するように。たまれば腐ってどす黒くなります。ただし相手に非があっても、逆ギレされたら困りますから、怒りの伝え方のスキルは磨いてくださいね。

怒りが気になるのは、今のあなたが現状に満足していないからでしょう。今の自分や生活に、よいことやたのしいことは見つかりませんか？　怒りをなくすことは無理でも、それと同等かそれ以上の喜びやうれしさを味わえば、帳尻はプラスになりますよ。

38 国際結婚への興味津々がイヤ

相談者　主婦　四十代

子ども二人を育てている四十代半ばのシングルマザー。離婚後も旧姓に戻していないので、国際結婚だとすぐわかります。

腹立たしいことがしばしばおこります。「旦那さんは、どこの国の人ですか?」「どうやって知り合ったのですか?」。しまいには、「毎日カレー食べてるんですか?」などというあきれるような質問までされます。

「旦那さんは、どこの国の人ですか?」と聞かれると、「またきたか」と身構えますが、あくまでも笑顔を保ちつつ、質問に答えるしかありません。バカげた質問は子どもの学校の母親、のぞき見趣味じゃないかと思われる主婦からがほとんどです。

そういう礼儀知らずな人たちとは親しい間柄ではないし、親しくなれそうもない人たちばかりなのに、プライバシーに踏み込んだ質問を一方的に平気でしてくるのです。彼女たちは決して自分のことは語りません。国際結婚ではない人には、普通なら聞けもしないプライベートな質問の数々。子どもつながりで表面的でもつきあいはありますので、悔しさをのみ込んで、仕方なく答えます。答えた後には、「また答えてしまった」という自分への腹立たしさ、悔しさが残ります。親しくない人間に自分が、シングルマザーなんでと言うのも嫌です。

そんな質問への機転のきいたスマートな対処法がありましたら上野先生お願いします。

―回答―　毅然とした態度を見せてあげて

好きだわあ、こういう相談。待ってました！　以下、性格悪い系からボケ系まで各種とりそろえましたから、お好きなのを選んでください。

質問には質問で返す。


「どこの国だと思う？」

「○でしょ」

「ハ～ズレ」

「×××かしら」

「ハ～ズレ」

「△△△かな」

「それもハ～ズレ。あなたにはわからないでしょうね」

とニッコリする。もしどれかが当たっていて、あとから言われたら、「あら、そうだったかしら」ととぼける。

いやみ戦略。

「そういうあなたのお相手はどこの国の人？　あっらあ、ニッポンジン。平凡ねえ」

つっこみ返す。

「それ、聞いてどうなさるの？」「あなたに何か関係がある？」「またこれ？さっきも聞かれたばかりなのよね」

これをもう少し柔らかにすると「ふふ、どうしても知りたい？」「教えてあげてもいいけど、タダじゃあね」。

煙《けむ》に巻く。

「宇宙人です」

あくまでていねいに、しれっと、そしてニッコリと。こんな質問、され慣れてて、うんざりしてますモード全開で。予習しておくとどのタイプには何が効きそうか、在庫のなかからぴったりするのを見つけたり、いろいろタイプの違いを試したりして、質問を受けるたびに、来た、来たーっと楽しみになります。

どのみちあなたの人生に何の関係もない人たち。助けてもくれないし、お友達になりたいわけでもないでしょうし。要は不躾《ぶしつけ》に尋ねた相手がきまりの悪い思いをして、二度と同じふるまいをしなければいいのでしょう？　あの人は変人、という評判をゲットしたら楽勝です。同調圧力を求められなくなりますから。外国籍の伴侶を選び、さらにシングルマザーになることを選んだあなたは、他人から変わっていると思われることを苦にしない、自主独立の気概のある女性でしょう。

ただし、少数でもほんとうに理解して助けてくれるお友達は大切に。そしてあなた以上に集団の同調圧力のもとで苦しんでいるのは、たぶんお子さんたち。子どもの世界の方が、もっと無遠慮で残酷です。そこでも「ウチはウチ。ヨソさまとは違うから」と親が毅然《きぜん》としていれば、子どもも変わっていて何が悪いんだ、とプライドを持てます。そのためにも、周囲に決して屈しない母の姿を、子どもたちに見せておくことですね。

39　男友達のからかいに困ってます

相談者　男性　五十代

五十代の男性です。

政治家による「セクハラやじ」はマスコミなどで話題にされていますが、僕は男友達からの同様の発言に悩んでいます。

高校時代からの友達で、日常会話では僕に敬語を使うなど細かい気遣いが感じられるのですが、いったん酒が入ると本音が出るせいか、独身で子どもがいない僕の股間を握って、「おまえのチンチンいつ使うんだ〜！　子孫を増やさないのか〜！」など、下品極まりない言葉で絡んでくる性癖があるのです。ちなみに、この友達には子どもが三人いるせいか、少子化社会のなか、子だくさんだけが唯一の自慢のようです。

ただ、正直なところ僕自身、独身子無しを悲しいとか不幸に感じたことはありません。

むしろ、先行きが不透明な閉塞《へいそく》感漂う日本社会で、親子の間の痛ましい事件などが報道されるたびに、つくづく今の気楽なライフスタイルをありがたく感じます。

その友達の発言は、家族を持たない僕の将来を心配したうえであることは承知していますが、飲み会の「酒のさかな」にされると、ほろ酔い気分も醒《さ》め、苦い記憶としてトラウマとなります。今後、友人からのこのようなハラスメント？をいかにかわしてゆけば、人間関係を円滑に保ちつつ、従来通りの楽観的な自分を維持することができるのでしょうか？

回答 男性もマタハラ被害に遭う？

男性もセクハラの被害に遭《あ》うことは知っていましたが、出産セクハラの被害もあるんですね。「自分が産んでから」という都議会のやじは、女性向けだけではなかったんだ……。

シングルライフを選んで五十年。ご自分の選択を後悔しているご様子もなく、今さら自分のライフスタイルに友人からあれこれ言われる筋合いはありません。子無しの男性が「お前のチンチンいつ使うんだ？」（それにしてもこの四文字コトバ、新聞で使っていいんですね？）と言われるなら、子無しの女性は「お前の子宮、いつ使うんだ」「おっぱい使わずにしなびさせるのか？」とか言われそうです。

そんなセクハラ発言をするご友人の心理を考えてみましょう。「僕の将来を心配して」とはとうてい思えません。セクハラ発言の意図は、相手を貶《おとし》め自分が優位に立つため。相手はあなたが不快に感じることを承知のうえで、あなたの一番いやな弱点を突いてくるのでしょう。裏返せば、敬語を使うほど気を使う「友達」であるあなたに対して、彼が唯一優位に立てるのが「父であること」。あわれですねえ。

こういう相手に「それしかお前は自慢することがないのか」とまともに返したら、彼の自尊心はぺしゃんこにつぶれて、あなたとの関係は修復不可能になるでしょう。もう彼との関係はこれっきりにしたいと思えばそう言ってやればよい。そうでなければまともにとりあわず、いなすノウハウを身につけることです。

「心配しなくてもチンチンにはいろんな使い方があるんでねえ」「子どもつくるばかりがチンチンの使い方じゃないから」「じゃ、お前は一生に三回しかチンチン使ってねえのか」(わお、チンチン、オンパレード、こんな時代が来るとは！)……ま、そうするとその「友達」並みにあなたも下品なレベルに落ちることになりますが。

それがイヤなら「お前とは生き方が違うんだ。この話は二度としないでくれ」と通告してはいかがでしょう。それにしても生き方の違いを尊重してくれない相手を「友達」と呼んでいいんでしょうか。

そのセクハラ男性の三人の子どもたちはどんなふうに育ったのでしょうか。子どもは今やコストであり、リスク。あなたには子どもを育てる楽しみもなかったかわり、その後のリスクもありません。おひとりさまベテランのあなたなら、安心しておひとりさまの老後を迎えることができるでしょう。

40 地域の役員辞めたい

相談者　女性　五十代

五十代の女性です。

地域の役員になって七年がたちました。

子どもが学校に通っていたときは、学校のＰＴＡ役員をつとめました。それが手始めで、そのうちに町内会、そして校区、市の活動へとどんどん推薦され、いろいろな場に顔を出したり、集まりに参画できたりするような立場になりました。

そんななかで、それなりに自分の考えと行動で、地域に貢献してきたと思っています。

しかし、毎年思うことがあります。それは「辞め時」についてです。

いつ辞めたらいいのか。

そのことを身近な友人に相談しても、返ってくる答えは「あなた以外に出来る人はいないよ！」とか「せっかくここまで人望を集めたのだから」などといった、山ほどのお世辞と称賛。このときだけの言葉なのです。

ある人が「この世界はヤクザの世界と同じ。一度足を踏み入れたら抜けられないよ」と言ったことを思い出しています。

何らかの役員を引き受けられない人は「あれがあるから」「これがあるから」と、必ず数々の事情を言い立てます。

でも、本当は私だってそうした事情はたくさんあって、いっぱいいっぱい。で、何とか活動しているのが現状なのです。

地域の役員をどうしたら気持ちよく辞することができるでしょうか。

回答　あなた自身の「辞め時」待てば

うーむ。これはご質問でしょうか？　お手紙のどこを読んでも、辞めたい理由がわかりません。辞めたい理由がない人は、その理由が登場するまでは辞めないでしょうし、辞められないでしょう。回答、終わり。

あなたに人望とリーダーシップがあり、余力と能力があるからこそ、自分の時間と余裕の許すかぎり、次々と目いっぱい地域のおしごとを引き受けてきたのでしょう？　うわべだけの「お世辞と称賛の言葉」だって、まんざらではないはず。それを聞きたいための、「辞めたいんだけど」の相談だったり。いくら「地域に貢献」しても認めてもらえなかったり、抵抗勢力が多くて地域から浮いてしまうのに比べれば、あなたは他人が評価してくれる分、恵まれていると言っていいくらいです。それに辞めていったい何をするんですか？　ひとつの活動を辞めても、また別の活動を始めるだけでしょう。だってあなたはそれが好きなんですから。辞めないのは、キライじゃないということ。続けられるのは好きだから。自分がこういう活動を「好き」だと認めましょう。「好き」なことで人からほめられるのはもっけの幸い。ふつうは「好き」なことをやってもほめてもらえないものです。

あなたの「辞め時」は、あなた自身が病気になったり、家族に介護が発生したり、そのほかさまざまな危機が訪れたとき。辞めざるをえなくなったときに、「辞めたい」と言って辞めましょう。そしてその時こそ、自分から去っていく人と、自分を支えてくれる人の見分けがつきます。

世の中には、あなたと同じように、お人よしからか責任感からか、他人の役に立ちたいと願う人たちがいるものです。一銭のトクにもならない地域活動を引き受けた人たちのなかでは、そういう人と出会う確率が高くなります。ただの仲良しクラブとは違い、目的のある地域活動に集うのは、共に問題を解決し、トラブルを乗り越え、合意を形成していく仲間たち。あなたが出会うのは、そういう人材のプールです。その中で、本当に信頼に値する人とそうでない人とを見分ける目を養ってください。地域活動で得た経験と人脈は、何物にも代えがたいあなたの財産になりますよ。それを失うなんてもったいなさすぎます。

その「辞め時」が来るまでは、ていねいにいまのお役目をお続けくださいますように。あなたを見ている人たちが必ずいますから。

41 両親の不思議な近所づきあい

相談者　主婦　四十歳

四十歳、子どもが二人いる主婦です。

私の実家は高級住宅地の山の手にあります。そこに住む両親と、家族ぐるみ（相手は独り者ですが）のつきあいになった生活保護受給者の七十代の男性がいます。二十年ほど前に母と知り合い、ご近所づきあいを通して、お酒を断ち、健全な生活に戻ったようで、母に感謝しています。

大変真面目で人懐っこい性格のようで、いまは少し離れたアパートに住み、毎日のように食べきれないような量のすし、季節の果物、お総菜などを持参してきます。両親に聞くと、「たまにスーパーで使える商品券を渡している」「生活保護費が入ったときは気前よく買うが、なくなったら買わないので大丈夫」「無理に断って機嫌を損ねるのが嫌だ」などと言います。

冷蔵庫は食料品でいっぱい。私は、生活保護受給者の方が他人のために大量の食料品を買う光景はおかしく、結局腐らせるものを喜んで受け取るフリをするのは不誠実ではと思うので、両親の気持ちが理解できませんが、両親に訴えても、「おまえのような年齢のものにはまだわからない」と言われておしまい。

両親は、身寄りのない女性の後見人を探すなど、恵まれない人のために行動し、感謝されていますが、このケースは金銭がからむので、腑《ふ》に落ちず、後ろ暗い気持ちになります。客観的なご意見が聞きたいのです。

回答　ご両親は「人持ち」なんですね

カネは天下のまわりもの。生活保護の受給者が生活保護費が入ったときに「気前よく」おカネを使うのは、そのために月末に生活を切り詰めなければならなくなっても、ご本人の選択だから、いいじゃありませんか。生保受給者だって気晴らしも必要だし、何におカネを使うかの優先順位は、ご本人が決めること。どのみち受け取る以上のおカネは使えないのですから、それをどう使うかをあなたが心配するのは筋違いというもの。

いただきものが来ることと、そのおカネの出所が生保であることとを切り分けましょう。その男性がご両親におカネを無心するわけじゃなし、付け届けをするのは、その方の感謝の気持ち。それどころか、貧者の一灯、生活保護費のなかから捻出《ねんしゅつ》したギフトはかえってねうちが増すでしょう。それを、ご両親は「問題」とは見なしておられないのですから、はて、いったい何が問題なのでしょう?

税金で買った食料品を「冷蔵庫で腐らせる」のが許せない？「腐らせるものを喜んで受け取るフリをする」のは、「不誠実」ではなく「気弱」なだけ。それならもっと現実的に対処しましょう。もし不要な品がたまるようなら、ご両親から「いただくならうちは○が好みよ」とかおっしゃれば。もしほんとうに対等にその方とおつきあいなさるなら、もらってうれしいものとうれしくないものとをはっきりお伝えになることですね。それでも食べきれなければ、あなたがもらって帰るか、それともためこまずに「○さんにいただいたのよ」と、ご近所と分かちあうか。そうすればカネも食べものも天下をまわります。

生保受給者が暮らしを自己完結すれば孤立します。他人にものをあげたりもらったりする関係が、その男性にとってのセーフティーネットなんでしょう。それをもっと広げることにご両親が貢献なされば彼の「投資」は大きな効果を持つことになります。

情けは人のためならず（最近では意味が逆転したようですが）。人はつながりで生きていきます。ご両親はそのつながりをつくりだすことに積極的な方のようですね。きっと貧しい人にも貧しくない人にもお友達がたくさんいらっしゃる「人持ち」なんでしょうね。そのなかには互いに迷惑をかけあうことも含まれます。

ご両親はわけへだてなく他人と接する立派な方なのでしょうねえ。あなたもご両親の背を見て学んでください。

42 許すまじ四十年前の下着ドロ

相談者　女性　五十代

五十代の独身女性です。

四十数年前、生まれて初めて自分で手洗いしたシュミーズとパンティを盗まれました。犯人は、当時中学生だった近所の三人兄弟の次男坊です。裏木戸から私の家の庭に入ってくるのを目撃し、窓を開けて顔をはっきり見たので間違いありません。

四十年以上たった今、下着ドロも独身です。世間では、母親思いの孝行息子で通っているのがシャクです。将来、地域の老人会なんかに何食わぬ顔で出てくるかと思うと、とうてい我慢ができません。この男に、四十年以上私が味わってきた屈辱と悔しさと同じくらいのリベンジをしたい気持ちでいっぱいです。

素っ裸で「私は下着を盗みました」と書いたプラカードをぶら下げて地域中歩かせてやろうか、それとも誰にも言わない代わりに、百万円要求してやろうか、各家に「この男は四十年前の下着ドロボウですー」と書いたビラを印刷して配ってやろうかなどと、妄想しています。

吉田秋生氏の漫画『吉祥天女』に「女であるということが時どきどれほどの屈辱をもたらすか…あなたたち男にはわからないでしょう」という名ゼリフがあります。

私の悔しい気持ちと同じような屈辱と恥ずかしさを、この男にも味わわせてやりたいのです。上野先生に、いまどう行動すべきか、回答していただきたいのです。

回答　軽蔑したまま距離置く手もあり

これが男性の回答者なら……思春期の下着泥棒などよくあること。隣の息子が色気づいた証《あかし》と思って、笑って許しておやンなさい。目くじら立てるようなことではありません、と言いそうですが、やめておきましょう。吉田秋生を引いて「女の屈辱」を語るあなたは、今日まで口にできない数々の悔しさをいっぱい味わってきたでしょうから。

意趣返しをしたい気持ちはやまやまでしょうが、ここはちぃと考えどころ。行動を起こすには、相手の生態をよく見極めておくことが肝要です。ましてやご近所でお互いに逃げも隠れもできない間柄。リスクを負わない戦略を考える必要があります。

まず四十数年前のできごとを加害者は忘れているかもしれません。まさか、とお思いでしょうが、被害者が被害を忘れないようには加害者は加害を覚えていないもの。いじめや虐待の場合でも、それが加害者の特徴です。責めたら「冤罪《えんざい》だっ」と言われかねません。たしかに目撃したのよ、と言っても「オールドミスのエロ妄想だっ」と反撃されて、かえって陥れられるかもしれません。それに被害者の屈辱感の深さにくらべれば、加害者の認識はもっと軽いもの。この認知ギャップも深刻です。「あの程度のこと」を執念深く覚えているあなたを、逆にとんでもない女だと思ったりする可能性もあります。

もし公共の場で赤恥をかかされたら、この手のオヤジに多いのは逆ギレすること。もちろん理不尽ですが、オヤジに理は通りません。

こういう手合いには、相手が隠しておきたい「ふつごうな真実」をあなたが知っているというふるまいを折々に示すこと。そしてそれが何かを、相手に示さないこと。「ふふ、知ってるのよ、昔あなたがやった恥ずかしいこと」「証拠もあるけど、言わないでおいてあげるわ」と。何が秘密かはひ・み・つ。まるで特定秘密保護法みたいに効果満点。相手は疑心暗鬼になって「恥」は勝手にふくらんでいきます。そしてあなたを煙たく思うようになれば、生涯にわたってあなたは彼に対して優位に立つことができるでしょう。

もしも相手の「恥」があなたの想定を超えた大きさで、あなたを消したいほどのものだとしたら……リスクはかえって大きくなります。こういう危ないゲームを演じる自信がなければ、やめておいたほうが賢明ですね。許せとは言わないけれど、軽蔑したまま距離を置くことですね。

第6章　そしてみ〜んな老いていく

43 「おばちゃん」のあだ名イヤ

相談者　女性　十代

この春に高校を卒業した女性です。卒業を控えた頃からとくに悩み出したことがあり、相談させていただきます。

私は高校二年の春から、一部のクラスメートに「おばちゃん」というあだ名で呼ばれています。私の話し方や考え方が古くさいことや、走り方が変わっているところから、このあだ名がつけられました。

当時のクラスメートとは仲がよく、高校三年生になってもクラス替えがありませんでした。今でも仲良くしています。

しかし「おばちゃん」と呼ばれることがイヤです。

みんなにも何度か名前で呼んでほしいと主張しましたが、変わりません。

もちろんクラスメートは「おばちゃん」というあだ名を、愛着を持って呼んでくれているのはわかります。私はそれをイジメだとは思いませんが……良い気持ちにはなりません。

私は両親がつけてくれた名前を心から気に入っています。だからこそ、このあだ名がイヤなのです。

高校を卒業したので、何年かたつと、きっと同窓会が開かれることでしょう。そのときにもみんなは、「おばちゃん」というあだ名で私のことを呼ぶのだろうと思うと悲しくなります。

みんなが私のことを名前で呼んでくれる方法はありませんでしょうか。

回答　「おばちゃん」になるのもイヤ？

「おばちゃん」て、そんなにイヤですか。そういえば昔から「オバハン」やら「オバタリアン」やら、いけずうずうしくて自己中な中年女性を見下すコトバがありました。てゆうと、あなたも「オバサン」差別に加担しているってことですね？　ムスメさんだってそのうち必ずオバサンになるのに、今からオバサン差別をするなんて……とホンモノのオバサンである上野は怒っています！

あなたが採用する選択肢は三つです（ここは岡田斗司夫さん風に……笑）。

第一は「おばちゃん」と呼ばれたら「ほな、あんたはおっちゃんやで」「あんたのことはこれから姐《ねえ》ちゃん（語尾を上げる）て呼ぶわな」と同じレベルでお返しすること。

第二は「おばちゃん」と呼ばれても返事をしないこと。「あら、どなたのことかしら?」と艶然《えんぜん》と振り向けばいいんです。「お嬢さん」と呼ばれた時だけ振り向くとかね。

第三は「お互いに自分の呼ばれたい名前で呼ぶようにしようよ」とみんなに提案しましょう。「あなたはなんて呼ばれたい?　わたしは、そうね、マドンナとは言わないけれど、××ちゃん、てのがいいな」とか。

最後にもうひとつの選択肢。「おばちゃん」て、ほんとにイヤですか。いずれ自分が「おばちゃん」になるのもイヤですか。「おばちゃん」は賢い女の生存戦略のひとつ。世の中にはムスメさん（男受けしたい女）とオバサン（男受けから降りた女）の二種類がいて、この分類は年齢によりません。「男受け」の努力を「女子力つける」とか「媚《こ》びを売る」とか言います。いつまでも「ムスメさん」から降りられない中年の美魔女に比べれば、早めにオバサン化する方が、女は圧倒的に生きやすいですよ。ほんとを言うとわたしは、男もオバサン化するのが賢い年齢の取り方だと思っています。

自分の価値を男に認めてもらうに及びません。オバサン化したからといってモテないとは限りません。媚びを売らなくても寄ってくる男を選べばいいんです。そういう男があなたの本当の値打ちを知っているのですから。「おばちゃん」て、いいな。抵抗せずに受け入れていれば、そのうちホンモノのオバサンになったときにもショックを味わわずにすみます。三十年後の同窓会でかつてのマドンナの変わり果てた姿を目の当たりにしながら、あの頃から「おばちゃん」だったワタシ、にニッコリしてください。

44 女ひとり生きるには何が必要?

相談者　女性　四十三歳

当方は、いま四十三歳になる独身の女性です。

私は四十三歳の今の今まで、一度たりとも恋人がいたことがありません。

おつきあいした男性も一人もいません。

でもそれでも、自分には恋人がいないのが当たり前の状態になっていたので、その辺はとくに寂しくもなく、楽しんで生きています。

そんなこんなの私なのですが、悩みがあります。

というのは、この分だと、当然この先も、ずっと女ひとりで生きていかなくてはならないと思うからです。さらに、そのうえにいろいろな問題も重なってきます。

私の母はすでに亡くなっています。

私は一人っ子なので、これからはきっと父親を介護するという問題も出てくると思います。さらに、これは当然ですが、自分自身の老後はどう迎え、どう過ごせばいいのか、という問題も出てきます。

そこで上野先生にお聞きしたいと思います。

女がひとりで生きていくために絶対に必要なもの、大切なものは何でしょうか。

そして、今の年齢のころから将来のために備えていたほうがいいものは、何かありますでしょうか。

教えていただけたら、さいわいです。

回答　親介護で離職や同居はダメ

おめでとうございます、四十三歳までこの道一筋、何の迷いもなくおひとりさま街道を歩んでこられたのですね。お仕事も収入も確保しておられるようですし、友人や趣味にも恵まれて「楽しんで」生きていらっしゃるご様子。おひとりさまのかがみです。

そう、これまでおひとりさまで生きてきた実績と自信のあるあなたは、これから先だっておひとりさまで生きていけます。もしこれから結婚だの出産だのがありうるとしたら、その分、介護リスクと育児リスクを背負うだけ。将来の夫と夫の両親の介護負担に加え、還暦になっても成人しない子どもの育児負担を抱えるほうがずっと不安要因が高くなります。これまでだって低リスクの生活を選んできたのですから、今さら高リスクの人生を選択する必要はないでしょう。

不安なのは加齢に伴う親の介護と自分自身の老後。このふたつは誰にでも降りかかってきます。残された父の介護は、ご本人の年金がおありでしょうから、それで負担してもらいましょう。子どもの役割は手や足を出すことではなく、ここぞというところで意思決定する司令塔の役割を果たすこと。自分自身の老後の予行演習にもなりますから、介護保険はしっかり勉強して使いこなしてください。

まちがってても介護離職や同居をしないこと。あなたの老後を心配してくれるのは、親ではなくあなた自身だけ。要介護になった親は自分のことでアタマがいっぱい。子どもに対する配慮など吹き飛んでしまう、と観念してください。同居をすれば追いつめられて余裕を失います。別居して通いでパート介護すればじゅうぶん。残りの時間をサポートしてもらえるのが介護保険。不足分は自己負担でサービスを購入し、それでも足りなければ資産をフロー化しましょう。どのみち親の金ですから、親のよいように使ってもらいましょう。

で、その経験があなたの老後の教訓になります。老齢年金、健康保険、介護保険の三点セットを手放さず、自分の住まいを確保しておくこと。日本の高齢者福祉は諸外国にくらべて決して悪くありません。問題は、この三点セットが、この先、切り崩されるかもしれないこと。それを引きおこすのは政治という名の人災です。あと、いくらかの蓄えと、孤独が怖ければ人持ちになること。費用がいくらでもないことはわたしの書いた『おひとりさまの最期』（朝日新聞出版、二〇一五年）を参照してください。

45 人生をリセットして生きたい

相談者　女性　七十三歳

七十三歳の女性です。義母が百歳で他界して一年過ぎました。

二十三歳で見合い結婚をした私は、親思いの夫の気持ちを尊重し、ほぼ五十年間、義母と同居してきました。後半の二十年は、「絶対に施設はいや」という義母の意思にそって在宅介護をしてきましたが、義母が九十八歳になるころ、私は自分の健康を過信していたのか、突然、くも膜下出血で倒れました。

夫のきょうだい四人は誰も母を預かろうとせず、義母は小規模な老人介護施設に入所。見舞いに来る彼らに、自分の不幸や私への不満を訴えたようです。

私は小康を得ましたが健康は取り戻せず、義母は施設での看取《みと》り介護のなかで亡くなりました。葬儀では、親族の冷たい視線を受け、長男の嫁の苦労にねぎらいます。弱ってきた夫も介護が必要になっていの言葉もなく、無念な思いを耐えました。

私たち夫婦の生きる希望になるかと期待する孫の誕生ですが、一人娘は結婚十年あまりでもコウノトリの訪れはありません。私は誠実に生きれば、いつかよい日が来ると努力してきたつもりですが、今は何も報われなかった失望の中にいます。

このまま老いていくばかりの人生が惨めでなりません。どこかで今までの人生をリセットして、明るく穏やかな気持ちで残り少ない時間を大切にしたいと思います。どうか私の心の持ち方を教えてください。

回答　「関係のリセット」はできます

同居半世紀、姑《しゅうとめ》を百歳で見送られたとか。まずは心からご苦労さまを申し上げます。嫁姑問題は前近代ではなく近代の問題と喝破したのは、女性史家のひろた・まさきさん。というのも戦前は女性が嫁いでから姑が先だつまで平均十一年。それまでの辛抱だったのが、いつ終わるとも知れずに延びたのが超高齢社会です。

手も足も出さず、文句だけいう身内は、放っておきましょう。問題はあなたが姑の介護から報われたかどうか。報われ方はふたつ。

まず今までの貢献を評価して夫の相続分が増えましたか？　受けとるのがあなたでなくても、いずれ夫名義の資産の半分はあなたのもの。そのためにも夫より長生きしましょう。これから介護が始まるという時に、夫の両親と養子縁組をしておいたほうがよかったですね。そうすればあなたも相続権者になれたのに。

次に、あなたは誰に報われたいのでしょう？　親族よりも夫に感謝してもらえばよいのでは？　佐江衆一さんの小説『黄落《こうらく》』（新潮文庫、一九九九年）では、母を看取ったあとの葬儀の場で、夫の挨拶《あいさつ》に妻への感謝のことばがなかったと、夫は妻から「一生怨《うら》まれる」ハメになります。妻の苦労をいちばんよく知る夫が、それを親族の前で口に出して感謝する……ことが大事なんです。夫は「オレは江戸っ子だ、他人の前で女房に感謝なんかできるか」とのたまいますが、これが大きな心得違い。妻は身内ではなく他人、夫の親は妻にとっては他人の親。他人のお世話になれば感謝して当然。この一言を出し惜しみするから、日本男児は女に愛されないのです。

佐江さんは失点を挽回《ばんかい》する千載一遇のチャンスを得ました。『黄落』が文学賞を受けた授賞式で、妻に感謝のことばを伝えました。公開の場でなくても、あなたの夫にもチャンスをあげましょう。そのための布石はまず夫に『黄落』

を読ませること、それからこの「悩みのるつぼ」を話題にして「こういう相談もあるのねえ、まるでうちのことみたい」と言ってみてください。この先、あなたのお世話になる可能性の高い夫はふるえあがって反省するでしょう。

人生のリセットは、孫などで代用できません。過去のリセットはできなくても、関係のリセットはできます。避けたい親族とは距離を置いて、あなたがこれから先も暮らしを共にしなければならない夫に、関係のリセットを迫りましょう。これさえやっておけば、反対にあなたが介護される側になっても安心です。

46 認知症になっても笑顔でいたい

相談者　女性　七十一歳

七十一歳の女性です。六年間の闘病生活を送った夫を見送り、今年で五年になります。

夫を見送ったあと、私は子どもたちに何を残せるかを考えました。大した物もお金もない私には「明るく楽しく余生を送っている背中を見てもらうしかない」と思い、自分のできる範囲でボランティアのお手伝いをさせていただいております。おかげさまで、今でも子どもさんやご高齢者のみなさんから「元気」をいただいております。

最近、同世代の方の認知症を目の前にして、老化することは避けられないにしても認知症だけはなりたくないと、折り紙や文章の写しなどにも挑戦しています。

認知症になると、暴言や暴力をふるう症状があるといわれ、身内やお世話になっている人を苦しめることがあると聞いております。私は自分がもし認知症になった場合でも、子どもやお世話になった人たちに暴言や暴力をふるいたくはない、と切に願っておりますし、「ありがとう」と言えるなら、こんなにうれしいことはないと思います。

脳の老化及び認知症と暴言・暴力の関係は断ち切れないのでしょうか。どうしたら、認知症になっても笑顔を絶やさず、感謝の言葉が出るようになれるのか。今から出来ることはあるのだろうか、あれば教えていただければと思い、ペンを取りました。

回答　すてきなぼけバアサンになれます

老化は避けられませんが、認知症の可能性もそのひとつ。高齢化に伴う心身の変化には個人差があります。高齢者のうち要介護認定者は約二割、さらにそのうち約二割が認知症。誰もがなるわけではありませんが、予防法も治療法もよくわからない。最近は進行を遅らすことのできる薬ができたそうですが、心配なお気持ちはよくわかります。

認知症は防げなくても、症状は人それぞれ。おだやかにゆったり日々を過ごしている人たちもいます。

認知症には中核症状と周辺症状とがあります。認知症の中核症状は認知と記憶の障害。過去と未来がなくなって現在だけに生きる認知症高齢者は、現在だけがある子どもと同じ。子どもと違って高齢者を待ち受ける未来は死ですが、死を思わずに毎日を暮らせるのは、人生の最期の日々に神が与えた恵み、とすら呼ぶ人もいます。認知症は悪いことばかりでもないのです。

他方、認知症の周辺症状といわれるものが、心配しておられる暴言・暴力や物盗られ妄想、徘徊《はいかい》、不眠、弄便《ろうべん》など。物盗られ妄想はもっとも身近な人に向かうことが多いですから、関係を壊したりもします。が、このところ認知症ケアの水準が上がってきて、周辺症状とは周囲の対応によって引き起こされるもの、という認識が普及するようになりました。暴言にも暴力にも何か理由があるでしょうし、物盗られや嫉妬妄想は不安から。弄便は不愉快なおむつはずし。不眠は日中の運動量が少ないからでしょうし、徘徊にも理由があります。沖縄の離島のケアワーカーさんに聞いた話では、「このへんに徘徊はありません、お散歩があるだけです」。お年寄りに誰かがついて歩けばただの同伴散歩。徘徊はもはや「症状」ですらなくなります。

というわけで、ご自分の認知症後の姿がご心配なら、お元気なうちにグループホームや特養など、認知症ケアで評判のよいところを調べておかれるとよいですね。それに認知症は子どもの社会化と逆方向の高齢者の脱社会化の過程。その人が人生であとから身につけたものがはがれ落ちていくだけですから、もともと自分にないものが出てきたりはしないでしょう。笑顔でボランティアをしながら周囲に感謝を絶やさないあなたは、きっとすてきなぼけバアサンになりでしょう。どうぞ安心してボケてくださいませ。介護保険のおかげで、日本はそう言える社会にようやくなりつつあります。

47 義母が万引きしてる？

相談者　主婦　六十代

六十代の主婦です。

義父が亡くなり、独居となった義母をうちに引き取った。もう八十歳だが、会話もちゃんとして、食欲もあり、足腰も丈夫。日課の散歩が生きがいのようで、こちらに移ってからも一時間半かけて散歩とスーパーでの買い物を楽しんでいる。認知症にはさらさら縁がないようで、部屋の掃除も片付けもちゃんとこなしているので私としては心配はなかった。

ところが最近、どうも様子が変なのだ。帰宅した際、ポケットを不自然に膨らませていたりしてけげんでならない。留守中義母の部屋をのぞくと、初めて見る雑貨が増え、小さな駄菓子もあった。最近トートバッグを持って出かけ、散歩から戻ったらすぐ自分の部屋へ直行するのでおかしいとは思っていた。

財布は持って出かけるが、スーパーのポリ袋や紙袋がなく、買って来た気配がない。万引きでも、と気が気ではなくなった。近所の１００円ショップへも寄っているのか。主人とも相談したが、プライドもある義母だから、義父の死後、寂しさで何か盗まずにいられなくなったかもしれないと思った。万引きは心の病気とも言われるから。義母に問いただすのも正直怖いが、犯罪が起きてからでは遅い。お店の方に相談してあらかじめお金を渡しておくのがいいのか。義母の病気を治すにはどうしたらいいのか悩んでいる。

回答　認知症を考える「先生」と思えば

ははーん、いよいよですね、認知症の初期症状。覚悟してください。いちはやくお義母さんの異変に気づかれたのはご立派。つね日頃細《こま》やかに気を配っておられるからこそでしょう。これが家庭内の「物盗られ」妄想でなく（その場合はいちばん身近な他人、つまりあなたに嫌疑がかかりますから、家族関係が壊れます）、こんな言い方をしてはなンですが、よそのお店に迷惑を（それもほんのささやかな）かける程度ですんでいることにほっとしましょう。

まず事実関係を確かめてください。お買い物のあと、品物が増えたがサイフのお金は減っているか、レシートはもらっているか。気になるようならお買い物についていって離れたところから観察しましょう。そしてお金を払わずに商品をバッグに入れるかどうかを確かめましょう。

なにより大事なのは、周囲への情報公開。お義母さんが出入りするお店（たいした数ではないでしょう）にあらかじめ話をつけ、お義母さんが出て行ったあと商品がなくなっていたら、その分はご請求ください、お支払いします、と伝えておきましょう。事前にお金を預ける必要はありません。これを怠ると、店の人に「万引きだぁ！」と挙げられて警察に突き出されることになり、お義母さんのプライドはそれこそずたずたになります。それだけでなくトラウマ的体験になって深く傷つきます。

転ばぬ先の杖。お義母さんの出入りするお店の商品に高額のものはあまりないのでしょう？　ポケットやバッグに入る量などたかが知れています。認知症のお年寄りは悪意があって万引きするというより、欲望が先走って支払いを忘れるだけ。お店の人にも注意を払ってもらって、「お客さん、いまお持ちになった品物、支払いはこちらでお願いしますね」と誘導してもらえばすみます。そのまま出ていかれてもあとから請求できるとわかれば、お店のほうはお義母さんが来店するたびに、にこにこ「どうぞ好きなお品物を持っていってください」と歓迎してくれるでしょう。そうなったらしめたもの。

認知症は多くの人がいつかはたどる道。家族も地域も認知症者を見守るような環境ができるといいですね。お義母さんはそのための「先生」だと思えば。そのうちお義母さんも足腰が弱くなってひとりでお買い物にも行けなくなるでしょう。そうなったら「あの頃は……」と笑い話になることでしょう。

48 ボランティアで優越感

相談者　男性　六十代

六十代の男性です。

五年前、長いサラリーマン生活を無事終え、定年を迎えることができました。在勤中、定年後には人とのつきあいも減り、妻とも終日、顔を突き合わせていても、お互いに不機嫌になるだろうと考えました。

また、六十年間、社会や人の世話になってきたわけですので、この後の人生は何か社会の役に立てることはないかと思い、「電話による自殺予防の相談」をボランティアとして、続けて五年ほどになります。

活動を始めてすぐの頃は、相談相手からも感謝され、お礼も言われるので、自分が世の中の役に立っていることが、実感としてあり、満ち足りた気持ちで活動に取り組むことができていました。しかし最近は、人の悩みを聞いて相談が終わってみると、なにか自分の心に「優越感」が湧いていることがあり、情けなくなります。

私も悩みは山ほどありますので、電話で聞いている相手の悩みとつい自分を比較してしまい、自分は幸福なのかもしれない、と思うことがあります。

こんなよこしまな心が潜む者が自殺予防のボランティアをする価値があるのだろうか？

最近、活動当初のような満ち足りた気持ちがなくなりつつあります。こんな自分を納得させて、はつらつと活動を続けるためにはどのような気持ちに切り替えればよいのでしょうか？

回答　いろいろと他にもやってみたら？

定年後に「自殺予防」の電話相談をボランティアとしてやっていらっしゃるとは、まるで退職男性のお手本のような社会貢献ですね。よりにもよってそんなヘビーな相談業務を引き受けるとは、あなたご自身の長い生涯にも、いくども死にたくなる思いがおありだったのでしょうか。

人の悩みを聞いて「優越感」が湧く……なるほどねえ、モノは言いようだと思います。相談を受ける前と後とでは、あなた自身に何の変化もありません。なのに、「死にたいほどの悩み」を持っている人と比べると、自分のつつがない生活が幸福に思える……誰もが経験するあたりまえの勘定、おっと感情ではないでしょうか。それを「優越感」と呼ぶか、「謙虚な感謝の気持ち」と呼ぶか、だけの違いでは？　ましてや「よこしまな心」と呼ぶ必要は少しもないのでは。

それにボランティアを「よこしまな心」からやって、何が悪いのでしょう？　ボランティアはしょせん「自己満足」。自分で自分をほめてあげるのが最大の報酬で、他人からの感謝はおまけのようなもの。そう思っていれば、感謝が返ってこなくてもがっかりしなくてすみます。

自殺予防の電話相談とは待ったなしの一回勝負。電話口の対応が悪ければ相手は二度とかけてきません。緊張を強いられる任務のはず。せっぱつまった人は、相談員の「優越感」など、ただちに見抜きます。あなたに「感謝」を告げずに亡くなった人もいるかもしれません。感謝は感謝できる余裕のある人からだけ、返ってくるもの。あなたにもほぞをかむ思いのひとつやふたつはあるでしょう。

この相談、ホンネは最初の緊張感や満足感が減ってきて、このボランティアにも飽きが来てる……んじゃありませんか？　それを「よこしまな心」なんぞというコトバで繕う必要はありません。ボランティアもいろいろ。相手の顔の見える、もっと直接自分が癒やされる、子どもや障害者相手のボランティアもあります。私利私欲系のお楽しみメニューも増やしてみては。両方やってみたら、今の自殺予防ボランティアの価値が再びよくわかるようになるでしょう。死ななくてよい自分の現状に謙虚に感謝して、他人を死の淵《ふち》から引き戻す余力が自分にあることを喜びましょう。他にいろいろやってみても、結局まじめなあなたは社会貢献せずにはいられないでしょうから、自分にその機会を与えてくれた人たちに、心から感謝しましょう。

49　認知症予備軍夫婦への助言を

相談者　男性　八十一歳

私は八十一歳、妻は七十八歳、ふたり暮らしの夫婦です。近くに親戚はおりません。

私たちは検査などで認知症と判断されたことはありませんが、それぞれの最近の日常生活および、ふたり一緒の生活を振り返ってみると、私たちは明らかに、いわゆる認知症の予備軍に接近しつつあることを感じています。

短期、長期の物忘れ、持続するうつの状態、ささいなことへの怒りの爆発、ぎこちないふたりの間のコミュニケーション、お互いに対する思いやりの不足、時にはいわれのない嫌悪感の表出、徘徊（家出？）への誘惑感など……。これらは、明らかに認知症的夫婦の不幸な関係の現れと言わざるを得ません。

以前は、このような関係では決してありませんでした。

ふたりともなんとかしてこの意識的、無意識的な逆境から脱出したいと苦闘しておりますが、具体的な方策が見当たらないのです。

最近、マスコミで高齢化社会が抱える問題として、認知症が取り上げられることが多いと思いますが、片方だけではなく、夫婦それぞれふたりともが日常的にこの問題をシェアしているようなケースに焦点があてられることは、あまりないように思います。

今後どうしたらいいか、何か解決のきっかけとなるご助言をいただければ幸甚です。

回答　簡単な方法は距離を置くこと

目からウロコ、のご相談でした。老老介護、認認介護については問題にされてきましたが、夫婦がふたりとも健康に暮らしているあいだは、行政も地域も問題ないものと見なしてきました。ですが、ふたりでいるからこそ、起きる問題もあるのですね。「以前は、このような関係では決してありませんでした」とおっしゃる反省的意識は十分に知的ですし、予備軍とはいえ認知症とは思えませんが、危機感はひしひしと伝わります。

大阪の開業医、辻川覚志さんは『老後はひとり暮らしが幸せ』（水曜社、二〇一三年）で、データにもとづき、ふたり暮らしの生活満足度がもっとも低いと実証しておられます。あいだに緩衝材がないふたり暮らしは、加齢に伴い、お互いに許容限度が下がったり気が短くなったりして、相手がいることがストレス要因になるんでしょうね。精神科医の高橋幸男さんは、独居の認知症者のほうが、同居の認知症者よりも穏やかに暮らしているという発見をしておられます。独居者には自分を否定する同居者というストレスがないからです。このままどちらかの認知症が進んで一方が他方を介護する関係になると、ストレスが高じて虐待も起きそう。おおこわ。

いちばん簡単な方法は、ストレス源を視界からなくすこと。距離を置いて、接触を必要最小限に。家が十分に広ければ家庭内別居をしてください。あるいは一方が高齢者住宅や施設に移転するか。DV夫に怯《おび》えて暮らしていた高齢の妻が、要介護になって施設入居してから、初めて夜ぐっすり眠れた、という例もあります。それともできるだけ日中は出歩いて、顔を合わせないようにするか。公共図書館やコミュニティカフェは、「きょういく（今日行く）」と「きょうよう（今日用）」を求める高齢者の「避難場所」になっています。

もうひとつの方法は、ふたりのあいだに緩衝材を置くこと。辻川先生も同居家族がふたりより三人、さらに四人のほうがより満足度が高まる、と指摘しておられます。出て行った娘か息子に帰ってきてくれるように頼むか、あるいは猫か犬を飼うか。とはいえ、家族が増えるとその分お悩みも増えるので、辻川先生の結論は「老後はひとり暮らしが一番！」。なにしろエビデンスがあるから説得力があります。夫婦といえども他人は異文化、異文化はストレス……あたりまえのことです。それに耐えるのは愛があるあいだだけ、なんですよね。

50　「延命、葬儀、墓」なしでいい

相談者　女性　六十代

六十代前半の女性です。

十年前に靭帯《じんたい》を切る事故を経験し、人生いつ何が起こるかわからないと、切実に感じました。以来、今出来ることを実践するようになり、自分でも行動的になりました。

パートの仕事や、家事、そのほか、ひと月に一度母の介護で実家に帰ったり、結婚して静岡にいる娘のところへ行ったりもしています。また、動物が苦手だった私ですが乗馬も始め、下手ながら二年半続けています。自分なりに満足した生活をしています。

悩みは終活のことです。

私は「延命措置、葬儀、墓」がみんな「なし」でいいと思っています。それに費やすお金があるのなら、生きているときに有意義に使ったほうがいいという考えです。実家の墓も、私たち兄妹が死んだら荒れてしまうのは目に見えています。

二十年後は超高齢社会で病院にも施設にも入れないのはわかりきっています。

そのことを娘に話すと、「何もしないのも子どもとしてどうなんだろうかと思う」というようなことを言っております。

こういった問題は、十人いれば十通りの意見があると思いますし、難しい問題です。私の意思を「遺言」として紙にまとめていますが、最終的にこれを実行してくれるかどうかは娘しだいです。ご意見をうかがいたく投稿してみました。

回答　「死後の問題」は分けて考えましょう

　終活ばやりです。六十代前半、仕事や乗馬に、生き生きと暮らしておられるご様子、終活にはちと早い、ような気もしますが、何が起きるかわからないのが人生、という実感をお持ちなのですね。最近では死後や葬儀、お墓を話題にすることにもタブーがなくなってきました。なにしろ天皇ご一家も生前にお墓を決めるという終活をしておられるくらいですから。誰もそれを「不謹慎」とか「縁起でもない」とか言わなくなりました。

「延命措置、葬儀、お墓」何にもなしがお望みとか。これは分けて考えたほうがよいですね。延命措置は今はいらないと思っていても、土壇場で気が変わるかもしれません。日付のある意思などあてになりません。手立てがあれば少しでも生きのびたいと思うのは人情。今日一日、生きててよかった、もう一日、生きていたい、とあなたも思うようになるかもしれませんから。その場になって考えても遅くないですから、これは別にしましょう。

「葬儀とお墓」は死んだあとのこと。この世に戻ってきて自分の葬儀や墓を覗《のぞ》くこともできません。ま、死んだあとのことは死んだあとのこと。こちらは生きている人たちに任せましょう。家族の死をどう悼《いた》みたいかは、死んだ人の問題ではなく生きている人の問題。わたしはこうしてほしい、と子どもたちに意向をおしつけるより、あなたはどうしたいの、と聞いてみてはいかが？　カネはかけたくない、質素にしたいと言われて、聞いた方が傷つくかもしれませんよ（笑）。「子どもとしてどうかと思う」と答える娘に、もしかしたらあなたご自身がほっとしていませんか？　娘の気持ちを押し切ってまで、自分の意思を通したいですか？　あなたご自身は親の葬儀はムダだったとお思いですか？

葬儀は残された者がけじめをつけるための別れの儀式。あくまで生きている者のためにあると観念してください。

生きているあいだのことと、死んでからのことは切り分けましょう。あなたの意思が通るのは生きているあいだのこと。死んでからのことに希望をいうのはよいけれど、託さなければならない相手と相談しながら折り合いをつけましょう。過剰な期待も過小な期待も、相手にとっては迷惑なもの。何より家族のあいだで死を話題にできるってすてきなこと。死は、親が子に伝えることのできる最後の教育の場であることを、忘れないでくださいね。

あとがき

地方へ講演に行くと、「悩みのるつぼのファンです」と声をかけられることが増えました。いくらベストセラーを書いたとしても、ミリオンセラーに達するのはなかなかたいへんです。それにくらべれば痩せても枯れても部数六七〇万部の全国紙の威力はあなどれません。それに単行本の著者と新聞コラムの執筆者とでは、舞台女優とTVタレントほどの知名度の違いがあります。前者はわざわざおカネを払って劇場にカラダを運ばなければ会えませんが、後者はTVのスイッチをオンにするだけで、黙っていても情報が入ってきます。この日本では、本を書いているだけでは有名人になれません。

「悩みのるつぼ」の読者のどれだけが、わたしの本を読んでいるかはわかりません。どうやら多くの読者にとっては、わたしは「身の上相談回答者」として知られているようです。身の上相談回答者とは、人生の酸いも甘いもかみわけた達人、ということになっています。それなら、伊藤比呂美さんのように、結婚、離婚、再婚、出産、子育て、子どもの不適応から摂食障害、両親と夫の看取りまで、人生のフルコース以上を味わったひとが、身の上相談の回答者にふさわしいでしょう。わたしのように「戸籍のきれいな」おひとりさまで、出産・育児の経験もなく、看取る夫も育てる孫もいない者が、身の上相談の回答者を務めるのはおこがましい、でしょうか。

ですが社会学者のわたしは、たくさんの人々の人生についてデータを持っています。お悩み相談がくれば、それが誰にでも起きる平均的なお悩みなのか、それともはずれ値なのかもわかります。自分の人生経験がほかの人にも通じる標準的なものだとは思いませんし、自分のズレ方の程度もわかります。そういうわたしから見ると、さまざまなお悩みは、あるある感満載の普遍的なものである場合もありますし、へええ、こんなこともお悩みになるんだというユニークなもののこともあります。

そもそも、この「悩みのるつぼ」という相談欄は、身の上相談の老舗、読売新聞の「人生案内」のようなまじめなものとは思えません。だいたい、「悩みのるつぼ」という名前からして、ふざけています。ここでの回答は、まじめな質問にまじめに答えるというより、それ自体が回答芸というべきパフォーマンスを求められるものだからこそ、わたしにも回答者が務まっているのでしょう。

月に一回の連載ですから八年間を超える長期連載となり、回答も百回に達しました。これだけ続けてくると、回答芸も磨かれてきます。わたしのほかに三人いる回答者もそれぞれ個性的ですし、他の回答者にはない芸を身につけてきておられるようです。毎回が他流試合の道場のようなものですから、芸が磨かれるのも当然でしょう。

これだけ続くと、それぞれの回答者にファンがつきますし、相談者の方でも回答者を選ぶようになります。前著の『身の下相談にお答えします』に比べると、本書の『また　身の下相談にお答えします』では、指名相談が多くなりました。あのひとの回答が聞きたい、と相談者に思ってもらえるようになったのは光栄なことです。指名料をもらいたいぐらいです。たまには、同じ相談に、四人の回答者が同時に答える、という回答の競演もあってもよいかもしれません。

回答の熟練者になって、変わってきたことがあります。相談者に好ききらいがあるように、回答者にだって好ききらいがあります。相談のなかには「回答欲」をそそるものも、そそらないものも。朝日新聞の担当記者は、来た相談を微妙に四人の回答者の個性に応じて割り振りしているようですが、その振り分けがちょっとね、ということもあって、かつては回答を辞退する相談もありました。ですが、最近は、相談を選ばなくなりました。どんな球が飛んできてもバットに当てようという三割打者の気分です。それだけでなく、つまらない相談からつまらなくない回答を導き出すのも芸のうち、と思うようになりました。

相談には字数の限りがあります。相談者の状況については、本人が書いてくる以上のことは知ることができません。行間を読むとどうやらほんとうのお悩みは相談に書かれた問題とは別のところにありそうな場合もありますし、言わず語らずにホンネを暴露してしまっている相談もあります。書かれたものの背後に、どのくらい書かれていないことがあるかを想像するのが、回答者の醍醐味というものでしょう。

身の上相談の相談者と回答者との関係は、患者と医者の関係に似ています。前者は自分について語りますが、後者は相手についてだけ語ります。自分にかまけているのは相談者の方で、相談者は回答者の人生になんか関心がありません。つまり両者には関心を向ける方向について、圧倒的な非対称性があるのです。それなのに、多くの回答者の回答を読むと、びっくりするほど「わたしの場合は……」と自分の経験を語る回答があることに気がつきます。「アンタはそうだろうけど、アンタの場合を聞かされても、ワタシの人生には何の役にも立たない……」と言いたげな相談者の顔が浮かびます。患者が医者のところに相談にやってきたときに、医者がとうとうと自分の身体症状について語り始めたら、患者は困惑するだけでしょう。だからわたしは、極力、自分について語らないようにしてきました。時折、一、二行「ワタシは……」を入れることもありますが、ほんのスパイスのようなものです。

なのに、回答とはおそろしいものです。「ワタシ」について何も語らなくても、回答は回答者の生き方、人生観、価値や好みについてまで赤裸々に語ってしまいます。是非善悪の判断、やってよいこととやらないほうがよいこと、おすすめできることとおすすめできないこと……のなかに、「ワタシ」の器がイヤも応もなくあらわれてしまいます。そう思えば、月に一回、全国六七〇万読者に「ワタシ」を曝《さら》すこの連載は、おそるべきものかもしれません。

それを百回続けてきて、そのうえで「ファンです」「毎回楽しみにしています」と言ってくださる読者とは、まことにありがたいものです。いつのまにか、そういう読者とは同志になっているような気さえしてきます。そう、「be」創刊から続けてきたこの連載で、わたしは読者と共に人生を歩んできたのです。その人生経験が、ムダにならず、回答の質を磨いていると願いたいものです。

その百回に初回から伴走してくださった朝日新聞記者の中島鉄郎さん、本書をチャーミングな文庫にしてくださった朝日新聞出版の編集者、矢坂美紀子さんに感謝します。

二〇一七年七月「悩みのるつぼ」百回の記念に

上野千鶴子

JASRAC 出 1709562-701

また 身《み》の下相談《したそうだん》にお答《こた》えします 朝日文庫

2017年9月30日 第1刷発行

著 者 上野千鶴子《うえのちづこ》

発行者 友澤和子

発行所 朝日新聞出版

〒104-8011 東京都中央区築地5-3-2

電話 03-5541-8832（編集）

03-5540-7793（販売）

印刷製本 大日本印刷株式会社

Published in Japan by Asahi Shimbun Publications Inc.

定価はカバーに表示してあります

ISBN978-4-02-261913-6

落丁・乱丁の場合は弊社業務部（電話03-5540-7800）へご連絡ください。
送料弊社負担にてお取り替えいたします。